RODOLFO ALVES FARIA DE ALMEIDA
LEONARDO GUERRA DE REZENDE GUEDES

I0491726

As Transformações Urbanas do Setor Sul de Goiânia

Um olhar em 2020

1ª Edição - Impresso

London Seven Editora
Goiânia, 2020

ii

RODOLFO ALVES FARIA DE ALMEIDA
LEONARDO GUERRA DE REZENDE GUEDES

As Transformações Urbanas do Setor Sul de Goiânia

Um olhar em 2020

Esta obra é uma compilação dos estudos realizados no âmbito do Programa de Pós-Graduação em Desenvolvimento e Planejamento Territorial da Pontifícia Universidade Católica de Goiás – PUC Goiás.

Edição: LONDON7 Editora
Editor: Leonardo Guerra de Rezende Guedes, Dr.
Análise Editorial: Lorena Teixeira rodrigues Pinheiro do Prado, MSc.

Prefixo Editorial: 94498
ISBN – 979-86-49348-05-8

CIP – (*Cataloguing-in-Publication*) – Brasil – Catalogação na Publicação
Ficha Catalográfica feita na Editora

Almeida, R. A. F. de & Guedes, L. G. de R.
A45t   **As Transformações Urbanas do Setor Sul de Goiânia: um olhar em 2020** / Rodolfo Alves Faria de Almeida & Leonardo Guerra de Rezende Guedes – 2020

1ª ed. Goiânia: London7 Editora, 2020.

115p. : il. p&b ; 154 x 228 mm (brochura e e-book)

ISBN 979-86-49348-05-8

1. Planejamento regional – 710. 2. Arquitetura – 720.
I. Desenvolvimento Urbano II. Goiânia III. Setor Sul IV. Uso do Solo V. Transformações urbanas
CDD 720, 710   CDU 71, 72

Índice para catálogo sistemático
1. Planejamento regional – 710. 2. Arquitetura – 720.

Corpo editorial:
Dr. Gelson da Cruz Junior,UFG
Dr. Lauro Eugênio Guimarães Nalini, PUC-GO
Dr. Leonardo Guerra de Rezende Guedes, UFG/PUC-GO
Dña Lorena Teixeira Rodrigues Pinheiro do Prado, Universidad de Salamanca
Dr. Luís Fernando Ramos Molinaro, UnB
Dr. Marcelo Stehling de Castro, UFG
Dr. Rodrigo Pinto Lemos, UFG
D.Phil. Weber Martins, UFG, PUC-GO
Dr. Ycarim Melgaço Barbosa, PUC-GO

LONDON 7 Editora®
Prefixo Editorial: 67929
Fale Conosco:
contato@london7.com.br, www.london7.com.br

Agradecimentos

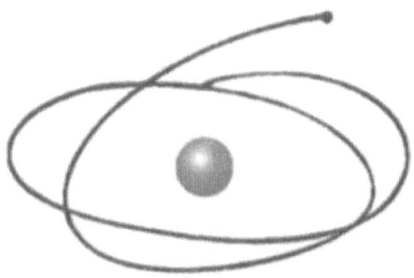

C A P E S
Coordenação de Aprefeiçoamento de Pessoal de Nível Superior

Os organizadores do livro e autores dos capítulos agradecem a Coordenação de Aperfeiçoamento de Pessoal de Nível Superior (CAPES) e Fundação de Amparo à Pesquisa do Estado de Goiás (FAPEG) pelo apoio financeiro.

Apresentação

O conhecimento de um do espaço físico urbano pode ser adquirido a partir de um olhar analítico ao passado e presente das transformações que ocorrem nas cidades.

Partindo deste pressuposto, o Setor Sul da cidade de Goiânia é um interessante artefato que surgiu a partir de um modelo urbano pré-estabelecido no século **XX**, e sobreviveu as transformações globais se adaptando de forma intrínseca as realidades atuais.

Tendo como foco o processo de crescimento e ocupação do território, bem como, a realidade de uso do solo do bairro em 2020. Esta pesquisa reúne acervos e levantamentos importantes para a compreensão das realidades presentes no Setor Sul capazes de sintetizar suas transformações urbanas ocorridas no decorrer do tempo.

Por meio da metodologia de análise urbana de Phelippe Panerai (2006), foi possível desenvolver análises de paisagem urbana, crescimento e ocupação do território, tendo como principal mecanismo de linguagem: mapas, fotos, tabelas e peças gráficas que demonstram evidências da condição urbana de uso e ocupação do bairro.

Toda a coletânea de discussões e levantamentos trouxe a luz resultados como: evidência de desvalorização imobiliária, processos intraurbanos característicos nas metrópoles brasileiras, identificação de áreas urbanas debilitadas e adaptações de usos presentes na grande maioria das residências do setor.

Sumário

Introdução

Considerando-se as realidades presentes nas cidades, é interessante conhecer as transformações urbanas que foram importantes na criação dos espaços públicos e identificar suas formas, de modo a compreender as condições do espaço físico em que vivemos e suas causalidades cotidianas.

A partir de um breve estudo do planejamento urbano brasileiro, das formas urbanas, suas condições e transformações no decorrer do tempo, esta pesquisa tem como objetivo geral analisar o processo de ocupação do território, seus usos e formas da paisagem urbana do Setor Sul de Goiânia, capital do estado de Goiás.

O bairro, planejado para ser explicitamente residencial, foi palco de uma experimentação inédita em solo goiano a partir do momento em que seu plano urbanístico se originou de um modelo urbano criado por Ebenezer Howard nomeado cidade-jardim (HOWARD, 1902). Desde então, transformações ocorreram a respeito do cumprimento do plano urbano original perante o estado, e do processo de ocupação do território e implantação de infraestruturas necessárias para a realização das propostas conceptivas do bairro.

Para um aprofundamento melhor no conhecimento das condições de ocupação urbana do Setor Sul de Goiânia, este estudo tem como foco realizar um levantamento de dados históricos (relativos ao processo de adensamento do decorrer das décadas), socioeconômicos (situação da valorização imobiliária no início de 2020), atuais (levantamento de uso do solo) e uma breve análise da paisagem urbana sob olhar da escala humana. Tais objetivos são essenciais na compreensão de determinadas condições do bairro pois, demonstram dados de suma importância que podem ajudar a explicar algumas realidades existentes não só no Setor Sul, mas em qualquer aglomerado urbano presente nas cidades.

Para a concretização da pesquisa foram utilizadas algumas metodologias, dentre elas, duas de Phelippe Panerai da obra "Análise Urbana" (2006). A primeira consiste na análise do crescimento da cidade em que o autor, por meio de mapas, mostra a forma e dimensão em que as ocupações humanas dominaram o território a cada parte do tempo, por fim, ele expõe todos os mapas gradualmente no decorrer de cada período escolhido com as devidas densidades ocupacionais demarcadas em manchas contrastantes.

A aplicação deste primeiro método foi produzida por meio de levantamento de dados figurativos históricos na prefeitura da cidade, onde foi feito o colhimento das fotos aéreas do território correspondente ao Setor Sul, desde o acervo mais antigo registrado pelo órgão público, até o mais recente, e posteriormente, o desenvolvimento dos mapas e montagens.

O segundo método se trata da análise sequencial em que o autor estuda a paisagem urbana, em escala humana, através de planos de sequência estáticos e codificados sinteticamente pela sua característica formal, sendo essa definida de diversas maneiras. Esta análise foi feita por sete fotografias registradas em pontos estratégicos e diferentes do bairro, tendo por objetivo, demonstrar as diferentes características formais existentes na paisagem urbana do sítio de estudo.

Além das propostas por Panerai (2006), o principal método de colhimento de dados desta dissertação foi a produção do mapa de levantamento de uso e ocupação do solo, desenvolvido manualmente, ou melhor, artesanalmente lote a lote de todo o território do bairro.

12

Foi um longo trabalho no desenvolvimento do mapa, meses e dias na colheita de informações, e semanas para a digitalização e finalização. Por fim, realizou-se uma pesquisa sobre a valorização imobiliária, com dados a respeito de valores do metro quadrado de residências e quantitativo de anúncios de venda e locação de imóveis.

Os resultados obtidos demonstram com clareza o Setor Sul como um bairro que sofreu, e ainda sofre, com adaptações de usos e abandono não só por moradores, mas principalmente, pelo poder público.

A respeito dos usos, a maioria das adaptações evidenciadas pelo levantamento de uso e ocupação do solo foram ocorridas em residências que, consequentemente, passaram a serem utilizadas como escritórios, clínicas e outras instituições. O abandono de casas, estabelecimentos e áreas, foi registrado pelo levantamento in loco e fotos do local.

Fica evidente o descaso do estado perante as áreas internas das quadras do bairro, principalmente, no que diz respeito a ausência de ambientes urbanos qualitativos onde faltam o básico como, por exemplo, pavimentação para pedestres e iluminação pública em 2020.

Verifica-se que algumas das reais condições físicas de uso e ocupação do solo no bairro, suas transformações urbanas durante o tempo, como também, a necessidade de atenção do poder público para possíveis propostas de urgência na produção de um espaço urbano digno e de qualidade.

Espaços Urbanos

Para início de discussão sobre as atuais condições em que se encontram as cidades sob a ótica dos espaços urbanos, é imprescindível considerar o cenário em que se encontravam tais aglomerados antes do surgimento da "neociência" urbanismo, e com ele, a disciplina desenho urbano após meados do século XX.

Os importantes aglomerados urbanos durante o final da revolução industrial eram caracterizados pelo proliferamento de fábricas, alta migração de pessoas do campo para as cidades, desigualdades sociais e, principalmente, negligenciamento do estado, trazendo consigo consequentemente, evidenciáveis problemas urbanos que comprometiam a qualidade de vida da população em todos os aspectos da vida pública como: saúde, educação, moradia, cultura e infraestrutura urbana básica.

Perante tais insanidades públicas, os governantes das principais cidades do mundo foram forçados a tomarem decisões concretas a respeito do funcionamento e qualidade dos espaços urbanos.

Guiados pelo pensamento progressista moderno, esta corrente era caracterizada pela fé no progresso que a ciência proporcionaria, a negação ao passado e princípios históricos/arquitetônicos, e a aclamação da racionalidade e funcionalidade dos espaços urbanos e suas edificações.

A lógica do pensamento moderno se baseia no novo. Novas organizações espaciais, novos processos construtivos, novas filosofias urbanas e novos edifícios, tudo deveria ser criado do zero, tendo em vista, a crítica ao passado arcaico e as formas construtivas, como por exemplo, o acréscimo de ornamentos nas construções e demais contextos e especificações.

Partindo desse contexto, no início do século XX, o termo "urbanismo" começou a ser utilizado por autores interessados na questão urbana, tendo por missão a resolução dos problemas causados principalmente pela industrialização e o desenvolvimento do capitalismo.

O dicionário Larousse define-se como "ciência e teoria da locomoção humana". Este neologismo corresponde ao surgimento de uma realidade nova: [...] a expansão da sociedade industrial dá origem a uma disciplina que se diferencia das artes urbanas anteriores por seu caráter reflexivo e crítico, e por sua pretensão científica. (CHOAY, 1965, p.2).

Choay (1965) em sua obra *O Urbanismo*, reuni uma antologia literária de autores que propuseram, através de modelos imutáveis, resolver a questão urbana seguindo conceitos que vão desde o urbanismo progressista (marcado por arquitetos como Le Corbusier e Tony Garnier), naturalista (Frank Lloyd Wright com sua Broadacre City) e culturalista (Ebenezer Howard e Raymond Unwin), este último será discutido doravante. No Brasil, tais modelos e conceitos foram amplamente utilizados e de fato concretizados em várias ocasiões, desde intervenções, até criação de novas cidades.

Especificamente, a história do urbanismo brasileiro, e paralelamente, o seu planejamento urbano, possui origem nas obras de embelezamento das cidades surgidas no final do século XIX e início do século XX, tendo como inspiração, as intervenções urbanas francesas (VILLAÇA, 1993). É impossível discutir o "urbanismo" sem antes conceituar o desenho urbano, pois, as duas disciplinas se fazem presentes como conceito e ferramenta, ou seja, a promoção

16

dos estudos científicos urbanos só pode acontecer através de um desenho capaz de expor a morfologia, o espaço e a complexidade da cidade.

A origem do termo *desenho urbano* aconteceu posteriormente a meados do século XX, quando a qualidade dos espaços nas cidades começou a ser questionada por inúmeros fatores como: o surgimento de favelas, empreendimentos que dispersavam a população local, a alta densidade de pessoas vindas do campo para a cidade, a precariedade e ausência de infraestrutura urbana, o aparecimento de epidemias e doenças, a popularidade do automóvel (e consequentemente problemas de trânsito) e demais empecilhos urbanos.

Profissionais de diversas áreas iniciaram discussões relacionadas a organização das cidades e esse 'repensar humanístico" deu-se paralelo ao desenvolvimento de novos campos científicos de conhecimentos como a própria informática (RIO, 1990).

Sendo assim, pode-se dizer que o planejamento urbano surgiu como uma necessidade urgente de resolver as complexidades presentes nas cidades, e a disciplina desenho urbano passou a ser o principal instrumento prático na elaboração de projetos e intervenções no espaço público a partir do final do século XIX, início da era moderna.

Dentre as características dessa disciplina que perambula entre a arquitetura e o planejamento, segundo Rio (1990) a interdisciplinaridade nas categorias de análise e a essencialidade físico-ambiental definem o desenho urbano, pois, ele está presente entre as áreas da engenharia, arquitetura, geografia dentre outros, e se faz como ferramenta de estudo e análise essencial no que diz respeito as realidades físicas e sociais das cidades.

17

A partir da década de 60, a cidade modernista, caracterizada pela racionalidade e funcionalidade dos espaços, passa a ser criticada por arquitetos, urbanistas e outros profissionais do ramo pelo distanciamento humanitário, rígida implantação de modelos urbanos e arquitetônicos, ignorância perante artefatos urbanos, disfunções dos espaços e edificações etc.

Partindo dessa discussão, surge paralelamente com o desenho urbano, o termo *"morfologia urbana"* a partir de "um questionamento das atitudes modernistas em relação as cidades históricas e as relações sociais que as regem" (RIO, 1990, p.71). Segundo Lamas (1993), a morfologia urbana é o estudo das formas presentes no espaço urbano sob um olhar externo, e como estas se produziram e se transformaram no decorrer do tempo.

Um estudo morfológico deve necessariamente tomar em consideração os níveis ou momentos de produção do espaço urbano. Níveis esses que possuem, dentro da disciplina urbanístico-arquitetônica, a sua lógica própria, articulada sobre estratégias político-sociais. Um estudo morfológico deve também identificar os níveis de produção da forma urbana e as suas inter-relações. (LAMAS, 1993, p.39).

A relevância de se fazer uma morfologia urbana:

> Está em compreender a lógica da formação, evolução e transformação dos elementos urbanos, e de suas inter-relações, a fim de possibilitar-nos a identificação de formas mais apropriadas, cultural e socialmente, para a intervenção na cidade existente e o desenho de novas áreas. (RIO, 1992, p.85-86).

Dentro dos estudos de morfologia urbana, destacam-se duas escolas de importantes autores que desenvolveram métodos e conceitos relevantes desta área: a escola francesa e italiana.

Aldo Rossi (1966), arquiteto neorracionalista italiano, entendia a cidade como artefato onde as construções como: monumentos, museus e edifícios relevantes e históricos, deveriam ser altamente aclamados no espaço urbano. Essa valorização segundo Rio (1990, p.71), 'se expressaria na organização física do tecido e na combinação dos elementos tipológico", Rossi (1966) determina que as formas estéticas de um edifício só podem ser produzidas a partir das condições urbanas, arquitetônicas e paisagísticas do lugar onde ela será construída, contrapondo com a funcionalidade das determinações do movimento moderno.

Lamas (1993, p.424) identifica no trabalho de Rossi 'a crítica frontal ao funcionalismo, na demonstração de que entre forma e função se estabelecem relações mais complexas e dialéticas do que as de causa e efeito", deste modo, entende-se a arquitetura da cidade não como a arquitetura de um edifício apenas, mas uma fonte originária de formas geométricas tipológicas que se relacionam as características físicas urbanas (LAMAS, 1993).

Semelhantemente, o arquiteto italiano Carlo Aymonino (1975) produz estudos de tipo e tipologias arquitetônicas baseadas nas formas da cidade, as edificações devem obedecer a significação do local do ponta de vista histórico e morfológico. O autor também desenvolveu trabalhos de elementos formadores das cidades como a praça, os monumentos cívicos e espaços coletivos presentes no cotidiano (RIO, 1990).

Seguindo por outra corrente, os irmãos KRIER desenvolveram estudos que se contrapões completamente as ideias modernistas uma vez que toda lógica projetual destes arquitetos se remetem a modelos do passado. Robert Krier considera a arquitetura como principal elemento na organização e qualificação da cidade (LAMAS, 1993), pela crença no desenho urbana como a principal ferramenta na resolução dos problemas urbanos, o autor utiliza as formas geométricas euclidianas para formular quase um catálogo de inúmeras possibilidades formais que um espaço urbano pode ter. A sua ideia de cidade é fundamentalmente morfológica, exprimindo-se num contínuo de espaços construídos em que os elementos primários são a rua, a praça e (tal como Rossi) incorporando os monumentos como marcos urbanos e pontos de referência na estrutura urbana. (LAMAS, 1993, p.428).

Já seu irmão Léon Krier, tem seu trabalho guiado pela profunda crítica ao movimento moderno e a cidade contemporânea, sendo assim, os avanços tecnológicos nos métodos de construção civil não geraram avanços para a arquitetura e a cidade, pelo contrário, causou a impossibilidade de salvamento dos centros históricos, bem como sua degradação física e social (LAMAS, 1993).

Seguindo por outra corrente de morfologia urbana, o trabalho de Perez De Arce (1978) enxerga respeitosamente os monumentos da cidade, ao criar intervenções em que as formas urbanas e arquitetônicas seguem uma continuidade formal ao valorizar a relevância da dimensão histórica e temporal das edificações e locais urbanos. "Sendo um processo sedimentário, as transformações aditivas garantem um senso de continuidade na construção da cidade e um senso de lugar em termos espaciais e históricos" (DE ARCE, 1978, p.237 apud RIO, 1990, p.80).

Partindo para a escola francesa, Jean Castex e Philippe Panerai desenvolvem trabalhos sobre processos e elementos da estruturação urbana através de estudos paradigmáticos que demonstram a sua lógica organizacional (RIO, 1990).

Os autores identificam nas cidades fragmentos dos quais só são possíveis de serem observados por meio da utilização de ferramentas sintetizantes, como por exemplo, o desenho, a fotografia, os mapas etc. Certos detalhes só poderiam ser perceptíveis quando retirados camadas e elementos presentes no traçado do plano da cidade, identificando assim, formas e detalhes que ajudam a entender processos de formações urbanas, tais como: crescimento e ocupação do solo, conurbação, invasão, paisagem etc.

A escola francesa com foco nos trabalhos de Philippe Panerai (2006), especificamente a morfologia urbana do processo de ocupação do solo, foi a fonte metodológica desta pesquisa que será posteriormente detalhada no próximo capítulo.

Para se falar de um bairro como o Setor Sul situado em uma capital brasileira: Goiânia, antes, é preciso discutir as condições atuais e processos intraurbanos em que se encontram as metrópoles do Brasil.

Espaços e Processos Intraurbanos nas Metrópoles Brasileiras

Para início na discussão das cidades brasileiras atuais, é preciso esclarecer a definição do significado de espaço urbano e sua estruturação sob a ótica das condições humanas como usuários destes lugares. Villaça (1993) denomina espaço intraurbano tudo aquilo que está fora da escala regional e sua estruturação é delineada pelas condições de deslocamento das pessoas por forças externas como trabalho, lazer, escola, compras etc.

A urbanidade só pode ser possível através das possibilidades de acesso, uma vez que a infraestrutura urbana esteve disponível, de nada vale na ausência da acessibilidade, sendo assim: "mesmo não havendo infraestrutura, uma terra jamais poderá ser considerada urbana se não for acessível" (VILLAÇA, 1993, p.23). Além das condições de acesso, o espaço intraurbano constitui-se de localizações pontuais que determinam a valorização de certas áreas em relação a outras, bem como processos urbanos de crescimento, conurbação, densidade de ocupação, verticalização, periferização etc.

A acessibilidade e a localização, por exemplo, de equipamentos urbanos essenciais como escola, hospital, supermercado, comércio etc., na medida em que se constituem juntas, produzem espaços urbanos de qualidade propícios ao desenvolvimento, sendo assim, o ideal a ser seguido na produção de uma cidade igualitária e digna para todos. Porém, o que se procedeu e ainda procede nas metrópoles brasileiras, é o fato da localização da população de alta renda definir um conjunto de fatores que constroem espaço intraurbano qualificado, através de forças externas apoiadas na lógica do capitalismo.

A organização interna dessas cidades, segundo Villaça (1993), é constituída além do que se entende de centro e periferia, mas sim, de uma organização de círculos concêntricos que estão disposto nos arredores do centro principal (este que estão localizados os principais equipamentos urbanos). Tais círculos podem ser entendidos como sítios sociais,

Uma vez que o funcionamento da sociedade urbana transforma seletivamente os lugares, afeiçoando-os às suas exigências funcionais. É assim que certos pontos se tornam mais acessíveis, certas artérias mais atrativas e, também, uns e outros, mais valorizados. Por isso são atividades mais dinâmicas que se instalam nessas áreas privilegiadas; quanto aos lugares de residência, a lógica é a mesma, com as pessoas de maiores recursos buscando alojar-se onde lhes pareça mais convenientes, segundo os cânones de cada época, o que também inclui a moda. (VILLAÇA, 1993, p.141).

Pela formação dos sítios sociais constitui-se a segregação urbana, característica das grandes cidades brasileiras, ela se baseia em "um processo segundo qual diferentes classes ou camadas sociais tendem a se concentrar cada vez mais em diferentes regiões gerais ou conjunto de bairros da metrópole" (VILLAÇA, 1993, p.142).

O que determina a segregação é a concentração de uma classe social em um determinado espaço mais do que em outro, nas cidades brasileiras, a elite se concentra nas proximidades do centro ou em centralidades que propiciam acessibilidades a locais e equipamentos exclusivos que as classes de baixa renda não podem ter.

O mecanismo que distancia essas classes periféricas dos espaços intraurbanos de qualidade está associado, principalmente, ao preço do solo, que seleciona a população, dando privilégios urbanos a pessoas de maior poder aquisitivo, tornando esse processo, um mecanismo de exclusão.

Segundo Moraes (2006, p.16), em meados do século XX o estado produziu novas cidades e manteve sua estrutura fundiária em favor das elites, proporcionando acessibilidade e cidadania para tal, porém em contrapartida, as classes de baixa renda sofreram (e ainda sofrem) com a forma agressiva da exclusão.

Diz Villaça (1993, p.147) ser explícito a competição por espaços nas cidades na medida que alguns lugares se tornam mais atrativos que outros, desenvolve-se então a segregação ecológica, que se constitui na medida em que pessoas semelhantes socialmente/culturalmente procuram os mesmo bairros residenciais para morar, produzindo assim, sítios sociais. O autor complementa conceituando a segregação voluntária e involuntária, onde se baseia nas condições de cada grupo social, a primeira ocorre quando pessoas, por motivos aleatórios, procuram morar perto de cidadãos

23

de sua classe social/cultural/financeira, já a segunda, segregação involuntária, acontece quando um grupo social se veem obrigados a abandonar suas moradias por motivos ou forças maiores, como por exemplo, o custo de morar em determinado bairro ou as provocações da especulação imobiliária.

No Brasil a segregação involuntária é presente em praticamente todas as metrópoles do país, a existência deste fator urbano traz à tona considerações a respeito de uma luta de classes (HARVEY, 1993) onde pode haver perdedores e ganhadores seguindo a "mesma dialética do escravo e do senhor" (VILLAÇA, 1993, p.148).

A disputa por localizações causa a segregação, que por sua vez se constitui através dos preços do solo, construindo assim, um processo espacial urbano brasileiro conhecido: o deslocamento de setores em círculo concêntrico. A essência deste processo ocorre pela necessidade de acesso a serviços e estabelecimentos que só o centro contém, no caso das metrópoles brasileiras, criou-se duas centralidades:

> *"o que chamam de centro velho, que é o centro tradicional, outrora dos mais ricos, mas hoje tomado pelas camadas populares; e o centro novo, dos mais ricos" (VILLAÇA, 1993, p.311).*

Por conta da dominação urbana locacional da elite, as camadas populares procuraram criar seus próprios subcentros para suprir a acessibilidade ausente, (quando sofrem segregação involuntária) ou mesmo passam a usar o centro velho como suprimento, porém, a burguesia "puxa" serviços, equipamentos e estruturas urbanas privadas e públicas para onde quer que ela vá, e historicamente, a concentração de altas camadas sociais nas

24

metrópoles brasileiras atraiu investimentos de infraestrutura urbana viária dentro das cidades.

> *O que teria levado bancos, escritórios e lojas a se deslocar na mesma direção das áreas residenciais, porém a frente delas, a ponto de "puxá-las"? Sim, porque estas últimas crescem na mesma direção. Por que os escritórios e lojas também cresceram nessa mesma direção, mas com antecedência? [...] São os escritórios e lojas [...] que crescem na direção dos bairros residenciais de mais alta renda, e não o contrário. (VILLAÇA, 1993, p.319).*

Uma vez que as elites se deslocam atraindo fatores qualitativos para a suas localidades, é criado assim, um processo de dominação do espaço urbano caracterizado, principalmente, pela vantagem da otimização do tempo gasto em relação do deslocamento dos seres humanos de um ponto ao outro da cidade (VILLAÇA, 1993). A exclusão acontece aí, pois, as camadas populares não conseguem pagar os altos custos dos aluguéis (supondo), e se mudam de determinado bairro a outro, que por consequência, não possui os equipamentos e infraestruturas urbanas necessária para a promoção de um espaço intraurbano de qualidade.

No que diz respeito ao deslocamento da burguesia, e com ela, as vantagens urbanas, não somente os centros, mas também os bairros residenciais sofreram com a desvalorização e o abandono por parte dos poderes público e privado. É explícito que a cidade de Goiânia tenha um velho centro desvalorizado e alguns bairros residenciais passando (ou que já passaram) pelo mesmo processo, esta condição urbana juntamente com a segregação socioespacial, são características iminentes das metrópoles brasileiras e não seria diferente no caso da capital do estado de Goiás.

Goiânia é um símbolo do planejamento urbano brasileiro, uma vez que sua história está inserida em um cenário progressista do Brasil no início do século XX.

O status de cidade planejada se contrapõe a estruturação de seu espaço urbano, pois este, proporcionou a produção de duas cidades distintas: a do projeto original, onde habita as elites; e a periférica, onde vivem as pessoas da classe popular (MORAES, 2006). Esta condição se faz presente nas metrópoles brasileiras, porém no caso da capital do estado, este cenário se torna peculiar tendo em vista a oportunidade de planejamento que o poder público teve e infelizmente utilizou-a como ferramenta de dominação.

Goiás até o início do século XX, era um estado ruralista onde as manobras da política em favor da burguesia já existiam, a partir de quando esse cenário muda, e o poder público percebe a corrente de urbanização do país, inicia-se a preocupação de uma nova forma de dominação, e foi através do urbanismo moderno que o estado utilizou no processo criação de novas cidades, sendo assim, "é o estado que planeja para o seu ganho político e não obedece a esse planejamento para manter-se no poder" (MORAES, 2006, p.16). O resultado é a produção de espaços urbanos marginalizados presente nas metrópoles do centro-oeste brasileiro como Palmas, Brasília e Goiânia, essas cidades se caracterizam por serem projetadas com base no urbanismo moderno do século XX e sua estruturação intraurbana se apresenta contendo um centro histórico, onde se faz presente os traços do projeto original, e no seu entorno localizam-se as periferias:

> ... *espaços marginalizados ausente de infraestrutura urbana básica e habitat da população de baixa renda (MORAES, 2006).*

26

Como será visto posteriormente, Goiânia foi palco na concretização do modelo urbano moderno de cidade-jardim, sob esse fator, o projeto original foi um sucesso, porém, não atendeu às necessidades sociais e de desenvolvimento econômico futuro da cidade. O Plano não definiu áreas para habitação dos trabalhadores que participavam da construção da cidade. Consequentemente, enquanto, do lado esquerdo do Córrego Botafogo emergia uma cidade planejada, do lado direito, na região Leste, surgiram as primeiras "invasões" que abrigavam os operários imigrantes que chegavam à capital em busca de trabalho. (BARBOSA; CABANNES; MORAES, 1997, p.37).

Em 2020, a capital de Goiás, possui espaços urbanos caracterizados por condomínios horizontais, áreas de baixo adensamento, bairros altamente verticalizados, extensos vazios urbanos e grandes áreas periféricas planejadas pelo poder público, evidenciando assim, uma segregação institucionalizada (MORAES, 2006).

O processo de ocupação da cidade até 1950, cumpriu exatamente como definido no projeto original, após esse período, ocorre a especulação fundiária apoiada pelo estado, o que gerou o parcelamento de vastas áreas destinadas a expansão urbana, e consequentemente, a produção de estoque de lotes destinados a comercialização. A partir daí, grandes vazios urbanos começam a dar as caras e a periferização nos arredores da cidade surge, contrariando a proposta do urbanismo moderno e seus modelos urbanos ideológicos.

A crítica aqui discutida, não se trata da proposta moderna de cidade, mas sim, de como tal proposta foi concretizado em terras goianas. Segundo Moraes (2006), o estado criou cidades sob a ótica moderna tendo como suporte um poder político autoritário, um poder econômico segregador e uma estrutura fundiária arcaica e conservadora. A autora complementa que os planos urbanísticos desenvolvidos para cidades do centro-oeste brasileiro, representa "exemplos de planejamento elitista do século XX" (MORAES, 2006, p.242).

> À medida que eles estes iam sendo executados eram ajustados às condições das cidades e aos interesses do capital imobiliário [...] (MORAES, 2006, p.242).

Conclui-se que no cenário brasileiro, o urbanismo moderno do século XX, não apresentou soluções aos problemas sociais, e vem tomando as mesmas atitudes desde o seu surgimento. O resultado destes fatores fez surgir até 2020, uma nova forma de planejamento urbano, aquela que entende a cidade como empresa, ou como objeto de consumo e mercadoria: o planejamento estratégico.

O Planejamento Urbano Estrategista

A partir dos anos noventa, a globalização começa a tomar frente na sociedade capitalista, e com ela, a velocidade da informação se destaca, criando um ambiente de propagação dos ideais de mercado. Inicia-se um processo de valorização das cidades perante a sociedade de consumo, partindo deste pressuposto, a metrópole precisa se tornar protagonista, estar em primeiro lugar perante as outras, e para isso, irá competir para assim ver quem tem os melhores espaços, equipamentos urbanos e arquitetônicos da cidade em escala global.

Seguindo a mesma empolgação em cima da ideia de um novo urbanismo que surgiu no século XX, políticos, arquitetos, urbanistas e empresários fazem nascer o planejamento estratégico, que se resume em ...

[...] gerar respostas competitivas aos desafios da globalização [...], e isto a cada oportunidade de renovação urbana que porventura se apresente na forma de uma possível vantagem comparativa a ser criada. (VAINER; MARICATO; ARANTES, 2000, p.13).

Nesta forma de planejamento o "pensar" a cidade é rebaixada ao nível de um negócio, ou mesmo, de produção de imagens (*image-making*) onde a cultura é destacada como proposta de experimentação urbana. Portanto, a "fama" de um bairro, ou mesmo, a caracterização de seus moradores, podem ser colocadas ao patamar de consumo, promovendo assim, o marketing cultural, característico da sociedade do espetáculo.

Sendo assim, fala-se cada vez menos de racionalidade, funcionalidade, zoneamento, plano diretor etc., e cada vez mais em *requalificação*, mas em termos tais que a ênfase deixa de estar predominantemente na ordem técnica do Plano – como queriam os modernos – para cair no vasto domínio *passe-partout* do assim chamado "cultural" e sua imensa gama de produtos derivados. Menos óbvio lembrar que aquela caudalosa fraseologia estetizante, a pretexto de respeitar os valores locais e sua morfologia, tenha servido de maquiagem para a entropia galopante das metrópoles. (VAINER; MARICATO; ARANTES, 2000, p.13).

Os governantes e investidores tornaram-se aliados na busca incessante de lucrar tendo como ferramenta as estratégias de mercado, e para além da acumulação de poder e dinheiro, o negócio das imagens se tornou o principal foco dos estrategistas da nova urbanística.

A cultura ao se transformar em imagem, acabou influenciando pessoas a se identificarem com estilos e marcas, produzindo assim, um sistema estável e altamente lucrativo, ou

29

seja, os indivíduos se moldam a estilística do poder das identidades (VAINER; MARICATO; ARANTES, 2000).

Este cenário pode ser observado nas intervenções urbanas atuais, ou mesmo em projetos arquitetônicos pretensiosos, no caso de Goiânia, operações urbanas consorciadas, ou parcerias público-privadas, são claramente evidenciadas em alguns pontos da cidade. Indivíduos que se identificam com determinados estilos de vida, procuram sempre estar juntos em determinado ponto da metrópole, despertando assim, interesse das empresas em realizar parcerias com o estado a fim de lucrar na criação de espaços que possam despertar a atração destas pessoas, que obviamente, pertencem a classe de maior poder aquisitivo. Através desta lógica sistêmica, o espaço urbano de Goiânia foi e ainda é estruturado.

Em divergência com o planejamento convencional, o estrategismo encoraja a ocupação do solo de todas as formas possíveis em uma tentativa esquizofrênica de gerar riquezas, sendo assim, ...

> *[...] o planejador foi-se confundindo cada vez mais com o seu tradicional adversário, o empreendedor. (VAINER; MARICATO; ARANTES, 2000, p. 21).*

A parceria do poder público, a iniciativa privada e os arquitetos e urbanistas, produziu um espetáculo propagandístico inimaginável para os urbanistas modernos do século XX: a exaltação da autenticidade urbana.

No planejamento estratégico o jogo de imagens apoia-se no culturalismo de mercado, para então produzir um pensamento único de cidades onde se concreta a estimulação da competição em uma lógica sistêmica suicida da sociedade capitalista. Esta competição de imagens, combinada com a inovação, conectividade e flexibilidade do estado, gera um cenário em que supostamente identidades locais possam "interagir" com redes globais (VAINER; MARICATO; ARANTES, 2000), polarizando as cidades e deteriorando suas características culturais.

No caso de Goiânia, supondo que o Setor Sul fosse alvo do culturalismo de mercado, o marketing poderia ser construído em cima de seu traçado histórico baseado nas cidades-jardins Howardianas, submetido ao status de Bairro Inglês, ou Europeu. A identidade local de cidade-jardim no cerrado poderia ser facilmente interagida com as cidades-jardins "originais", produzindo assim, uma possibilidade identitária com capacitação de competição dentro desta lógica sistêmica.

O surgimento do planejamento estratégico pode ser contextualizado na medida que as cidades passam cada vez mais a estarem submetidas as mesmas condições e desafios das empresas. Portanto suas estratégias e ações serão todas em detrimento das movimentações e exigências do sistema capitalista, ...

> [...] agir estrategicamente, [...] antes de mais nada, ter como horizonte o mercado, tomar decisões a partir das informações e expectativas geradas no e pelo mercado. *(VAINER; MARICATO; ARANTES, 2000, p. 86).*

A mundialização da informação fez com que as cidades pudessem se enxergar, e a partir desse pressuposto, competir nas escalas local, regional, nacional e mundial. Competir por investimentos, atrações, qualidade de serviços, trabalho etc. A partir do momento que as metrópoles se vendem, elas entram em uma esfera na qual todas disputam o centro, este que seria o lucro e o status. Os produtos possivelmente vendidos podem ser espaços, infraestruturas, locais, construções, status e até mesmo a imagem de cidade segura e cívica. Sob esta lógica, afirma-se que,

31

Transformada em coisa a ser vendida e comprada, tal como a constrói o discurso do planejamento estratégico, a cidade não é apenas uma mercadoria, mas também, e sobretudo, uma mercadoria de luxo, destinada a um grupo de elite de potenciais compradores: capital internacional, *visitantes e usuários solváveis.* (VAINER; MARICATO; ARANTES, 2000, p.83).

O planejamento estratégico coloca as classes populares em segundo plano, pois como nas empresas, o objetivo é o lucro, a produtividade, a flexibilidade, a agilidade e a criatividade, diferentemente dos planos utópicos modernistas do urbanismo do século XX, os planos estrategistas devem ser concretos, realistas e líquidos, consistindo, como já discutido, em um negócio de imagens dentro do cenário do marketing-city.

A autopromoção, no contexto da competição entre cidades, trouxe consigo um patriotismo cívico, que tem por consequência, a eliminação de políticas locais, uma vez que a cidade como mercadoria transfigura-se em empresa, objeto de consumo ou pátria (VAINER; MARICATO; ARANTES, 2000). Uma vez a precisão de se vender, o patriotismo torna-se essencial para se destacar perante as outras cidades no mercado, e consecutivamente, atingir os objetivos rasos e suicidas do planejamento urbano estratégico.

Evidentemente, as cidades brasileiras são desiguais e segregadas socio e espacialmente, pois, nunca tiveram um planejamento urbano que se preocupou com os reais problemas sociais. É preciso pensar novas formas de ordenamento espacial para a promoção da cidadania a todos, neste contexto, os (as) autores (as) Vainer, Maricato e Arantes (2000, p.179) determinam um planejamento urbano sob a proposta de um plano de ação que deve seguir as condições de:

A) Criar um espaço de debate democrático com participação ativa dos excluídos e reconhecimento dos conflitos.

B) Plano de Ação ao invés de Plano Diretor, com destaque para as diretrizes: Controle e orientação dos investimentos; Criação de um serviço especial de fiscalização do uso e ocupação do solo; Enfoque integrado das ações sociais, ambientais e econômicas; Detalhamento de planos executivos, específicos, das prioridades: habitação, transportes públicos e meio ambiente (incluindo saneamento básico e drenagem).

C) Infraestrutura de informação sobre as cidades e formação de quadros para a gestão urbana. (VAINER; MARICATO; ARANTES, 2000, p.179).

Dentro do denominado Plano de Ações que os autores descrevem, um aspecto importante no que diz respeito a esta pesquisa, seria o controle urbanístico de uso e ocupação do solo, partindo do contexto que o Setor Sul sofre com a desaceleração do adensamento e o abandono das áreas residenciais, bem como a ocupação mutável destas áreas que se desconfiguram perante a proposta original do bairro.

Partindo desta discussão, serão analisadas as formas de ocupação e suas transformações no decorrer das décadas, desde sua formação até os dias atuais, e como o bairro se insere no cenário da capital goiana como alvo de especulação e questionamentos a respeitos de suas condições futuras.

33

Goiânia e Setor Sul

Do início à meados do século XX, tanto o Brasil como o mundo, passavam por transformações políticas, sociais, culturais, e principalmente, tecnológicas que mudariam de vez a sociedade.

As cidades foram se reinventando através de conceitos e propostas de reorganização das funções urbanas de modo que pudessem proporcionar melhores condições de vida aos habitantes. Segundo Manso (2001), do meio ao fim do século XIX, as cidades brasileiras serviram de experimentações de ideias modernas e intervenções urbanas de caráter sanitaristas e salubristas com inspiração europeia.

Cidade de Goiânia

Goiânia é uma cidade que foi idealizada no início do século XX sendo parte de um plano de desenvolvimento regional progressista do governo de Getúlio Vargas denominada Marcha para o Oeste, tendo como objetivo o incentivo a migração de pessoas para o centro-oeste brasileiro e a consolidação de uma nova capital que possa promover melhorias, progresso e ocupação de imensas terras até então desocupadas.

A ideia da mudança da capital de Goiás teve suas origens ainda no século XVIII. No entanto, mesmo que ela possa ser encontrada no tempo do Império, foi somente no período republicano e à luz do que ocorria em outros países que o movimento para mudanças de capitais veio a se tornar realidade no Brasil. (MANSO, 2001, p.27).

A proposta de abandono da antiga capital Goiás (popularmente Goiás Velho), sob o ponto de vista moderno, não

35

era vista com bons olhos no que diz respeito às suas características físicas e estruturais. O estado de Goiás, nos tempos da construção de Goiânia, era até então agrário, a população vivia evidentemente da agropecuária. O início das obras da edificação da nova capital foi responsável pelo contato das populações rurais e urbanas (MANSO, 2001). O pensamento progressista e os interesses políticos foram os principais incentivadores na tomada de decisão para a mudança da capital, pois, a fé no futuro e a comoção política proporcionaria euforia na população e desenvolvimento regional.

O primeiro ato que materializou a ideia da transferência foi o Decreto-lei nº 2.737, de 20 de dezembro de 1932, assinado pelo interventor federal Pedro Ludovico Teixeira, nomeando uma comissão para escolher o local onde seria edificada a nova capital goiana [...]. 4º O projeto deverá prever uma população de 50.000 habitantes [...]. (MANSO, 2001, p.67).

A construção de Goiânia foi um fator marcante da discussão urbana moderna do país, sendo considerada pelos irmãos Coimbra e Bueno "um grandioso empreendimento que representava, na verdade, uma das maiores realizações do Brasil Novo" (MANSO, 2001, p.229). Sua concepção original foi realizada por Atílio Corrêa Lima, arquiteto e urbanista com formação europeia, posteriormente, Armando Augusto de Godoy entrou em colaboração na estruturação do plano inicial resultando no detalhamento das plantas para o Setor Sul, Norte e Oeste (MANSO, 2001).

O Setor Sul foi o primeiro bairro residencial planejado da capital que desde a sua concepção inicial, foi idealizado a pertencer a uma zona única de ocupação com casas unifamiliares rodeadas de vielas internas destinadas a serem lugares recreativos que seriam diariamente usados pelos moradores, tendo objetivo de fazer com que o bairro tenha características provincianas com locais e acessos

36

de usos específicos e bem ordenados. Godoy foi o responsável pelas características marcantes do Setor Sul, tais elementos, dentre eles os parques internos, foram descritos neste relatório dos anos 1930:

> *Limitados pelos fundos dos terrenos [...] de forma a poderem os pedestres (sobretudo as crianças) andarem pelos parques para se locomoverem neste setor. [...] Bastaria um beco, mas foram projetados parques para satisfazer outras necessidades: boa aeração; [...] áreas para recreios das crianças; jardins-de-infância; escolas; campos de sport, enfim, toda uma série de confortos necessários a uma vida civilizada. (MANSO, 2001, p.224 apud ALVARES, 1942, p.33).*

Em relação as questões físicas, o bairro possui topografia suave com ligeira inclinação para os fundos de vale, estes que por sua vez se apresentam como barreiras ao crescimento (PANERAI, 2006). Seu plano urbano é constituído por áreas verdes que remetem a comunidades de vizinhança e sua ocupação ocorreu, inicialmente, de forma acelerada pela população de maior poder aquisitivo por motivos atrativos em relação ao seu traçado urbano inovador para a época (MANSO, 2001).

Para a concepção do Setor Sul, "Armando Augusto de Godoy visitou algumas cidades-jardins na Europa, tendo oportunidade de conhecer Suresnes e Robinson, exemplos típicos de cidades destinadas somente às famílias de pequenos empregados e de operários" (MANSO, 2001, p. 206). Percebe-se no trabalho de Godoy para o Setor Sul, uma filiação a urbanística orgânica em que se é valorizado aspectos espaciais da cidade medieval (MANSO, 2001 apud LAMAS, 1993), tendo como referência, cidades até então na época já concretizadas, como Letchworth e Welwyn.

Atílio e Godoy utilizaram em suas concepções urbanas, conceitos e ideologias socialistas utópicas pretendida à época,

37

embora o poder público não compartilhava dos mesmos ideais urbanísticos. A população goiana "teve de se adaptar a um novo modo de vida determinado pela fronteira da modernidade da Marcha para o Oeste. Uma modernidade urbanística de um espaço político atrasado e autoritário" (MORAES, 2006, p. 106).

A história do Plano urbano e concepção da capital do estado de Goiás estão inseridas em um cenário progressista e culturalista de planejamento urbano do início do século XX, influenciado por urbanistas e filósofos do fim do século XIX. Concebida por Ebenezer Howard, o modelo de cidade-jardim foi pela primeira vez citada em seu livro publicado em 1898 na Inglaterra: *A Tomorrow: A Peaceful Path to Social Reform* (Amanhã: um caminho pacífico para a reforma social). A obra foi mais tarde reeditada em 1902 com o título: *Garden Cities of Tomorrow* (Cidades-Jardins de Amanhã).

Segundo Freitag (2012) este modelo urbano insere-se a um conjunto de outros modelos pertencentes a sociedade industrial que na virada do século XIX para o XX, estava em crise pois, com o aparecimento de indústrias dentro das cidades, problemas relacionados a poluição, ausência de infraestruturas básicas, organização e demais começaram a emergir e clamavam por soluções.

Partindo desses fatores, no mundo todo houve uma valorização dos ambientes camponeses e da vida suburbana que perduraria até futuramente na cidade contemporânea (GOITIA, 1982), pois, os avanços da ciência e tecnologia, por um lado, pioraram as condições da vida humana nas metrópoles trazendo à tona discussões a respeito da ecologia urbana, que desde a industrialização das cidades, vem sendo estudada e colocada em prática, como o próprio idealizador das cidades-jardins:

Howard pode ser considerado o pioneiro de uma ecologia urbana. Seu modelo de cidade-jardim defendia os seguintes princípios: moradia individual; articulação da cidade com a natureza; comunidades de tamanho médio, para 30 mil pessoas; trabalho, cultura, lazer refletindo-se no modelo urbano; garantia de higiene e saneamento básico. Subjacente a esses princípios, encontra-se o "sonho de uma nova sociedade", mais igualitária, justa, limpa, saudável. (FREITAG, 2012, p.78).

A ideia deste modelo urbanístico é criar uma cidade perfeita baseada nas duas possibilidades de vida na época: a vida na cidade e a vida no campo. No modelo de cidade-jardim a cidade e o campo podem ser dois ímãs:

> Não existem [...] só duas possibilidades – a vida na cidade e a vida no campo. Há uma terceira solução na qual todas as vantagens da vida mais ativa na cidade e toda a beleza e as delícias do campo podem estar combinadas de um modo perfeito. A cidade e o campo podem ser considerados dois ímãs, cada um procurando atrair para si a população; a rivalidade vem interpor-se uma nova forma de vida, que participa das duas outras. (CHOAY, apud HOWARD, 1965, p. 220).

A questão dos "ímãs" funcionava como forças atrativas dos pontos positivos da vida humana na cidade industrial e no campo, e a união destas qualidades seria o alcance da perfectibilidade adquirida em uma terceira possibilidade, a prosperidade dos centros urbanos com os desfrutes das paisagens do campo (CHOAY apud HOWARD, 1965). Para divulgar as cidades-jardins, Howard representou-as

> "como três ferraduras [...], que compõem um círculo de atrações/repulsões, para as quais as populações

migrantes poderiam direcionar-se" (FREITAG, 2012, p.79).

Goiânia foi desenhada sob os moldes da cidade-jardim pelo arquiteto e urbanista Atílio Corrêa Lima no primeiro plano diretor na década de 30, e seu Plano de Urbanização foi aprovado em 1938 prevendo uma cidade que abrigaria 50 mil habitantes (DAHER, 2009).

Figura 13: Os três ímãs das cidades-jardins

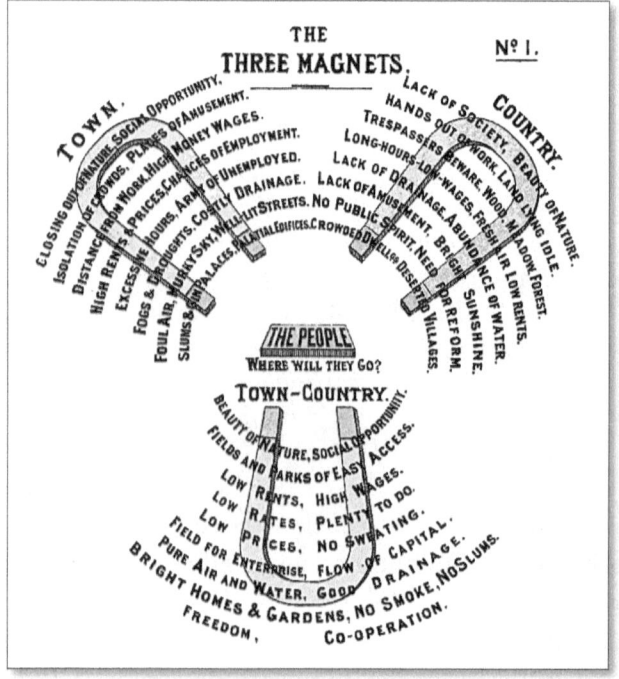

Fonte: Howard (1902)

O Setor Sul

O Setor Sul nasceu agregado ao primeiro plano diretor da capital através do decreto de lei nº 90-A de 30 de julho de 1938, e teve seu plano urbano finalizado por Wener Sonemberg com a orientação de Armando Augusto de Godói e encaminhado pelo Superintendente das Obras ao Diretor da Fazenda no ano de 1937, como mostra a figura 14.

O plano urbanístico do bairro possui um traçado orgânico e radial onde avenidas se convergem rumo a uma praça central sendo o ponto clímax, a Praça do Cruzeiro. Tais vias coletoras rasgam quadras inteiras que são formadas por ruas sem saída (termo francês cul-de-sac) que juntas estabelecem pequenas áreas verdes concentradas que conceitualmente seriam áreas de recreio, "playgrounds", onde ficariam a entrada da frente das casas e o fundo dava para as ruas sem saída, local que seria usado como acesso de serviços através de veículos.

A diversificação de acessos as casas e o desenho orgânico das vias foram influenciados pela cidade de Radburn, Nova Jersey, Estados Unidos onde as áreas residenciais remetem a uma ramificação dos conceitos de cidade-jardim no que diz respeito a aplicação de áreas verdes que se conectam com certa fluência dentro das quadras através dos limites e formatos das ruas sem saída (CLAPSON, 2016).

O traçado orgânico, o zoneamento e as delimitações do Setor Sul formam um bairro com características sólidas no que diz respeito aos aspectos físicos locais, pois é um setor projetado sob moldes que configuram em um modelo do que se achava da melhor qualidade na época.

Figura 14. Planta do Setor Sul 1937

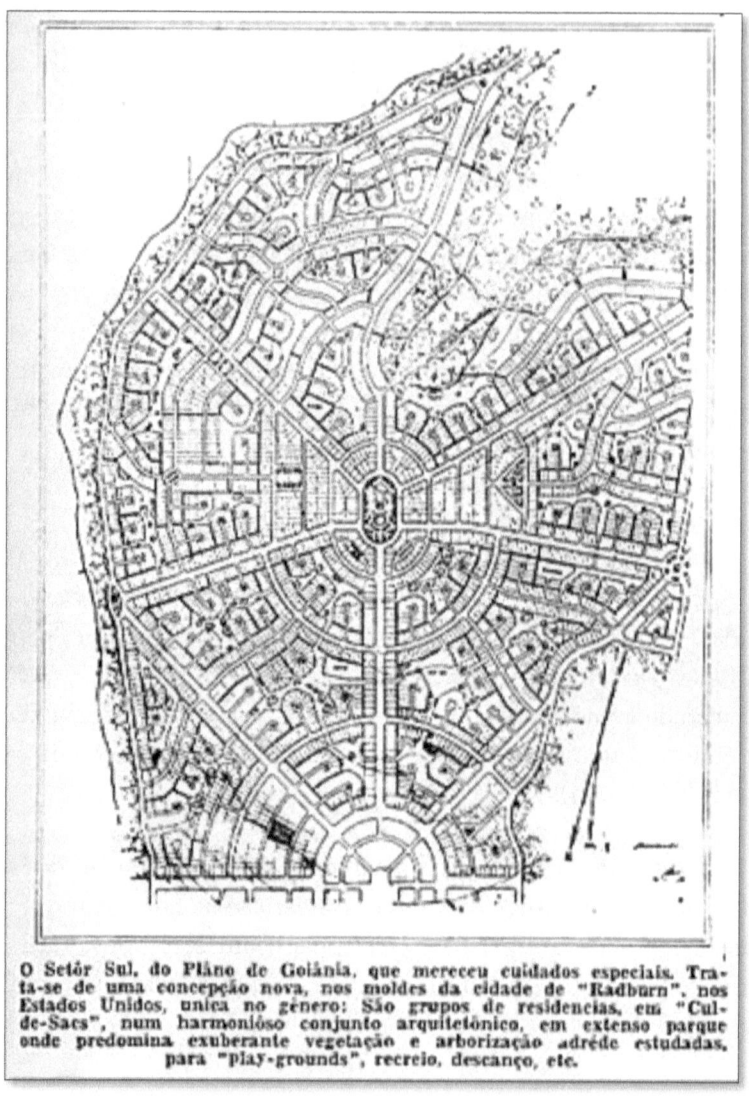

O Setôr Sul, do Plâno de Goiânia, que mereceu cuidados especiais. Trata-se de uma concepção nova, nos moldes da cidade de "Radburn", nos
Estados Unidos, unica no gênero: São grupos de residencias, em "Cul-
de-Sacs", num harmoniôso conjunto arquitetônico, em extenso parque
onde predomina exuberante vegetação e arborização adrêde estudadas,
para "play-grounds", recreio, descanço, etc.

Fonte: Prefeitura de Goiânia, SEPLAN.

Os conceitos de Godoy foram importados da Europa para o
Brasil de forma clara, aplicá-los em uma nova capital no interior

do centro-oeste brasileiro onde o desenvolvimento econômico e social era precário, ocasionou no decorrer do tempo, problemas físico-sociais como: choque antropológico cultural (entre cidade moldada para europeus e não para brasileiros), descaracterização e disfunção das áreas e do projeto urbano original, ocupações e desocupações desordenadas, problemas de gestão pública dos espaços e demais transtornos urbanos que se criaram desde o decorrer do adensamento do bairro, até a forma como ele se encontra em 2020.

É possível discutir as características do Setor Sul por meio de metodologias de análises históricas que permitem identificar fragmentos que foram essenciais para a formação das condições em que o bairro se encontra hoje, formulando assim, uma morfologia urbana capaz de esclarecer questões que englobam o processo de formação da cidade.

O Projeto CURA

Desde sua concepção até a consolidação da ocupação, o Setor Sul passou por um lento adensamento, uma vez que após três décadas de existência, o bairro ainda não continha infraestruturas urbanas básicas e equipamentos/mobiliários públicos de lazer que deveriam estar presentes em suas áreas verdes intraurbanas (FARIAS, BRITTO, 2016).

Somente no final da década de 1970 é que o bairro é contemplado com jardinagem, bancos, quadras poliesportivas e playgrounds através da implantação do projeto CURA – Comunidade Urbana para a Recuperação Acelerada (FARIAS, ANDRADE, TENÓRIO, 2014).

O CURA foi um programa do extinto BNH – Banco Nacional da Habitação - que incentivava a ocupação de áreas urbanas ociosas para otimizar o investimento em infraestrutura urbana. Foi aplicado no Setor Sul a partir da década de 1970 e finalizado na década de 1980, sem a conclusão dos trabalhos. (FARIAS, BRITTO, 2016, p. 3).

A área de atuação do Projeto CURA é de 3.255.276 m², o que corresponde as delimitações do bairro. O objetivo do projeto consiste em criar condições para o estabelecimento de novas economias através da implantação de infraestruturas urbanas qualitativas que possam incentivar a urbanização, com um índice de construção a médio prazo até a sua total ocupação. E fundamenta-se em três aspectos principais que estabelecem uma forte relação: execução de áreas verdes, centralização das atividades comerciais e prestadoras de serviços e ainda a complementação da infraestrutura no bairro.

A proposta do Projeto CURA surge em razões de ordem físico-urbanísticas estabelecidas pelo Plano de Desenvolvimento Integrado de Goiânia, em que é estabelecido o adensamento de áreas próximas ao centro da capital, bem como o aproveitamento de estruturas urbanas de áreas ociosas, até então existentes.

No que diz respeito a paisagem urbana, o projeto destacava quatro enfoques para a compreensão e ocupação do setor:

- Considerações sobre o projeto inicial: Com elementos marcantes da proposta de cidade-jardim, ruas sem saída "cul-de-sac", alta percentagem de reservas para arborização, traçado das vias que respeita a topografia do local, hierarquia viária explícita entre ruas arteriais e locais, prevenção das edificações com as frentes voltadas ao interior das quadras, ocupação majoritariamente residencial;
- Ocupação primitiva: Houve proibições, por parte da prefeitura, de construções no bairro durante um período, o

que ocasionou um retardamento da ocupação. Vários lotes foram mantidos vagos com fins especulativos e houve liberdade na aprovação de projetos com frentes voltadas para as ruas sem saída. Paralelamente, áreas internas foram doadas a entidades públicas e particulares, as que sobraram ficaram sem quaisquer tratamentos;

- Diversificação de usos: Com a expansão urbana, ruas e avenidas passaram a ter outras hierarquias, havendo assim, um fracionamento do bairro. As áreas intralocais: espaços verdes e de lazer, não receberam tratamentos urbanísticos básicos e inúmeras edificações foram projetadas inadequadamente em relação a proposta original, causando assim, a modificação e diversificação de usos;
- Perspectivas: Através do PDIG – Plano de Desenvolvimento Integrado de Goiânia, foi estabelecido que o Setor Sul é um bairro residencial com características únicas que precisam ser mantidas.

Para isso foi criada ferramenta de aceleramento e desaceleramento da ocupação: o zoneamento, prevenindo novas áreas que permitiram usos diversificados em alguns locais do bairro com o objetivo de promover o desenvolvimento econômico.

No que diz respeito às densidades analisadas em na década de 1970, foram mapeadas pelo projeto CURA e dividida em três partes:

Figura 15. Densidade de Ocupação do Projeto CURA

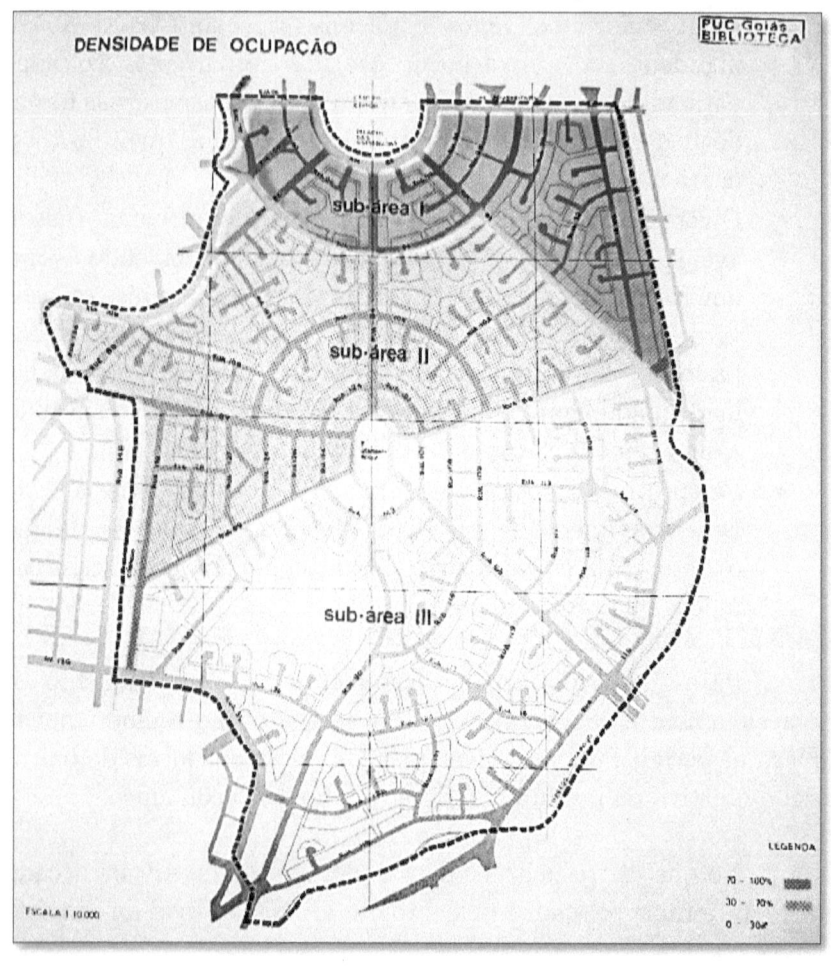

Fonte: Prefeitura de Goiânia, SEPLAN

A subárea I corresponde a 100% da ocupação, uma vez estar contígua ao centro, era uma das áreas de maior disponibilidade de serviço públicos de Goiânia. A subárea II correspondia a 70% e III 30% da ocupação na década de 1970.

46

No documento, é descrito a manifestação dos moradores perante a ausência de infraestrutura básica, segurança e equipamentos urbanos de lazer e cultura não existentes na época, e todos estes problemas são foco nas propostas do projeto.

As áreas livres, na época da formulação do projeto, já estavam comprometidas com edificações e garagens voltadas para o interior das quadras, portanto foram considerados dois aspectos para a formulação no que diz respeito as áreas livres: contribuição para o equilíbrio ecológico em relação a pavimentação e áreas verdes; implantação de equipamentos e mobiliários urbanos de lazer ativo com função de recreação das áreas no Setor.

A implantação de toda essa infraestrutura funcionaria como um incentivo à ocupação mais rápida do bairro, uma vez que iria proporcionar condições imediatas para a cobrança de tributos.

O programa também desenvolveu orientações locacionais para a centralização de atividades tendo em vista o financiamento do setor privado com o objetivo de orientar a localização dos estabelecimentos em função de seu campo de atividades.

Tendo em vista evitar a dispersão dessas atividades por todo o setor, na escolha do local para o polo de atividade, foi levado em conta: o zoneamento, a densidade de ocupação, a facilidade de acesso para a população do Setor, os fatores paisagísticos.

Análise Urbana

Para a identificação das formas urbanas, seus detalhes e processo de ocupação do solo do Setor Sul de Goiânia, foi preciso procurar uma metodologia que sintetizasse todos esses elementos em peças gráficas.

Através da obra de Phelippe Panerai em "Análise Urbana" (2006), é que foi possível encontrar tais elementos e sintetizá-los em mapas, diagramas e montagens de fotos.

O método de Panerai com foco no que diz respeito ao processo de ocupação de cidades (foco desta pesquisa), consiste nas categorias de análise a seguir.

Tecido Urbano

Panerai analisa em três escalas os elementos presentes no tecido urbano da cidade, eles são: a rede viária (ruas, calçadas, avenidas e vielas), os parcelamentos fundiários (a quadra, as glebas, as praças e espaços públicos abertos), as edificações (casas e prédios em suas derivadas formas).

Observações no que diz respeito ao estado pitoresco dos aglomerados urbanos. Panerai categoricamente observa a paisagem sob os aspectos a seguir.

Análise visual

Elementos marcantes da paisagem urbana são detectados ao realizar percursos onde é identificado: setores, limites e marcos.

Análise sequencial

Trata-se da identificação de planos de sequência em escala local, dentre eles: simetria/assimetria, demarcação lateral, demarcação axial, abertura, fechamento, convexidade, concavidade, perfil, inflexão, deferência, competição, estrangulamento, bastidores, deflexão e retorno;

Análise gradual

Da escala local á metropolitana - observação de eixos rodoviários, infraestruturas, áreas fechadas/isoladas e identificação do sítio e sua extensão.

Crescimentos

O autor estuda o crescimento e desenvolvimento das cidades através de uma análise gradual e temporal, identificando as formas de crescimento, elementos reguladores, suas direções, barreiras, limites e adensamento.

A seguir apresentamos figuras que ilustram sobre o acima conceituado.

Figura 1. Vias, parcelas, edificações

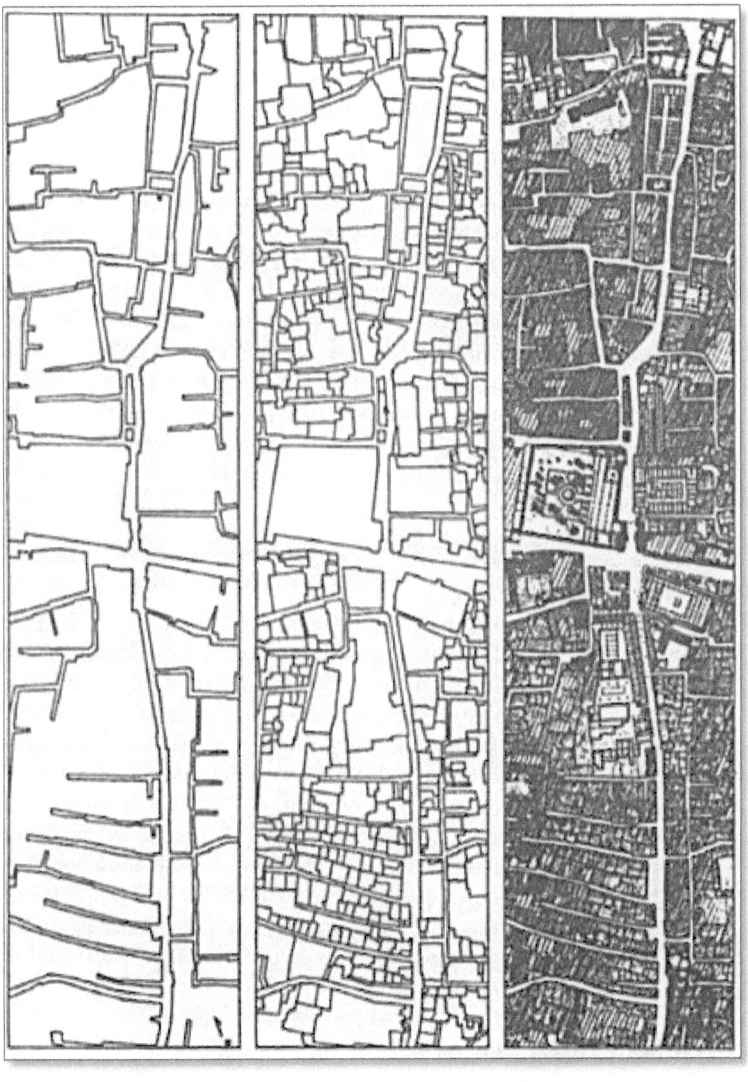

Fonte: Análise Urbana (PANERAI, 2006, p.80)

Figura 2. Os elementos do pitoresco

Fonte: Análise Urbana (PANERAI, 2006, p.37)

Figura 3. Os elementos do pitoresco (continuação)

Fonte: Análise Urbana (PANERAI, 2006, p.38)

Figura 4. Análise sequencial da Regent's Street

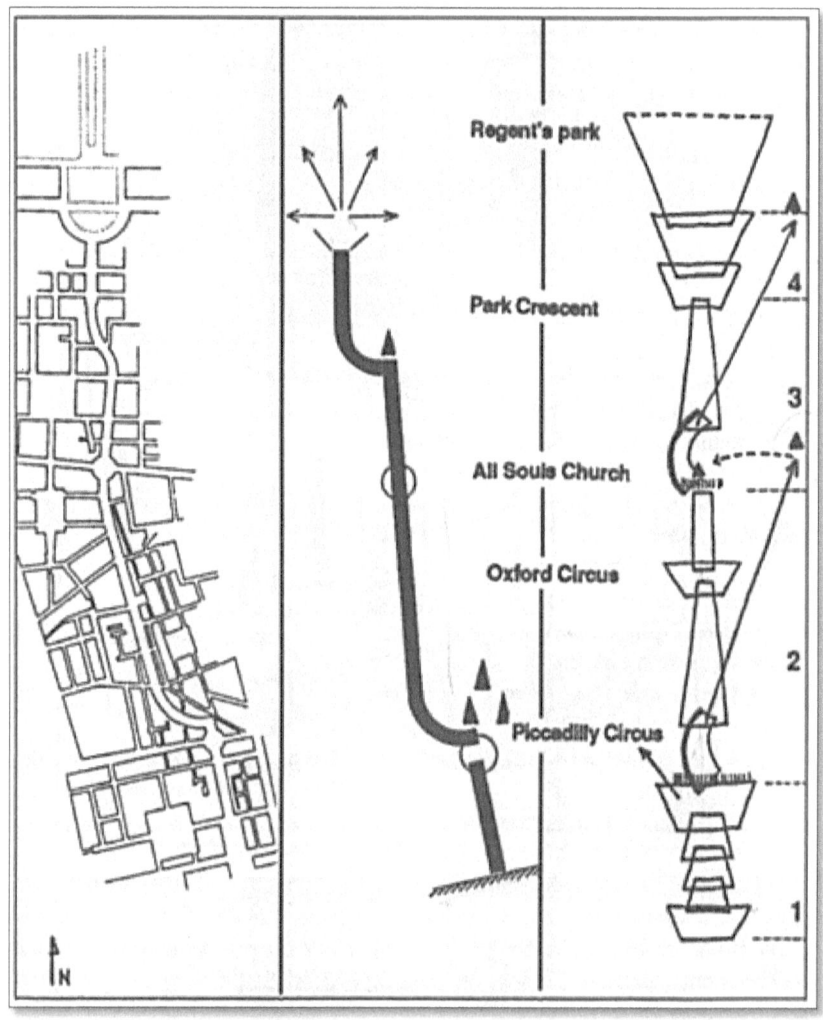

Fonte: Análise Urbana (PANERAI, 2006, p.39).
Tipologias: Análise dos tipos de edificações e tecidos urbanos, neste tópico o
autor faz referência a escola italiana no que diz respeito a tipologia do
construído/morfologia urbana;

Figura 5. 'Modelos e variações da forma urbana

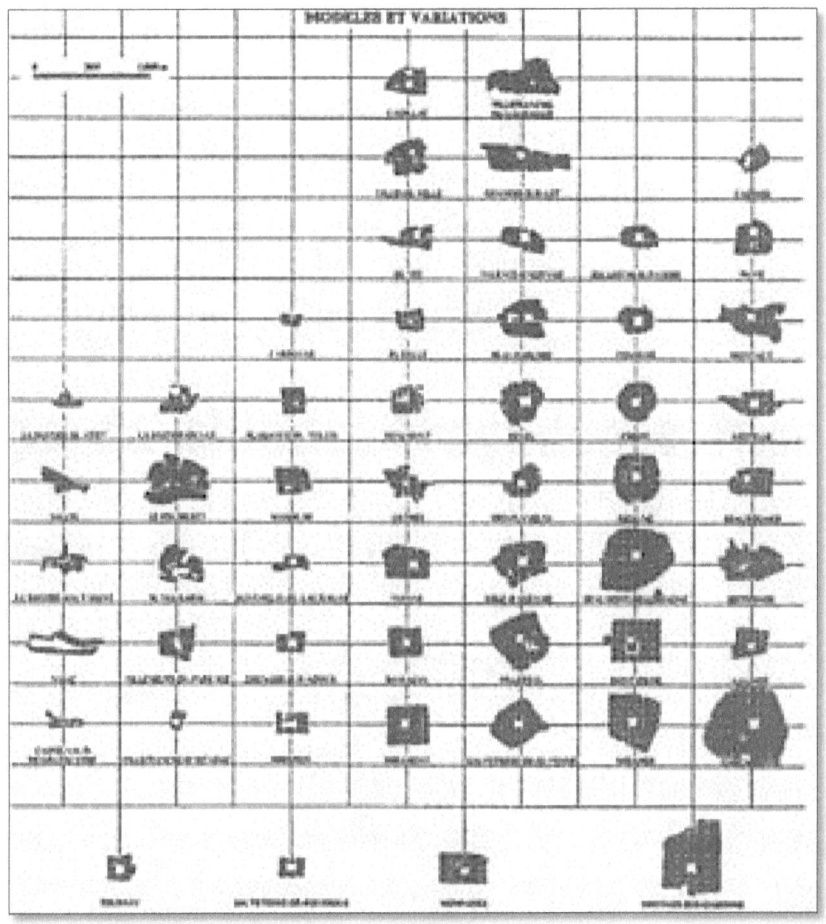

Fonte: Análise Urbana (PANERAI, 2006, p.137).

Figura 6. Tipos de crescimento: descontínuo, contínuo e linear

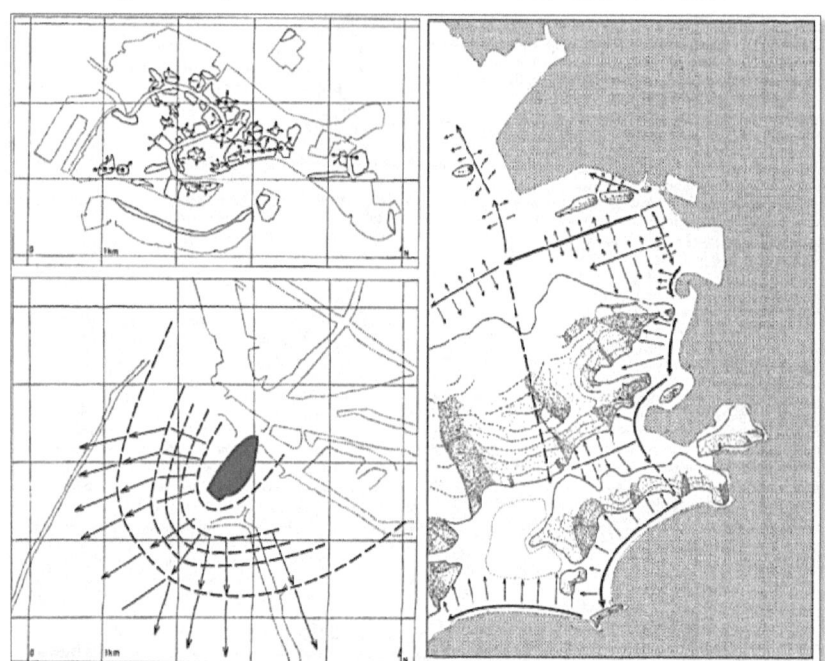

Fonte: Análise Urbana (PANERAI, 2006, p.56-57)

Figura 7. Londres: crescimento urbano de 1840 a 1929

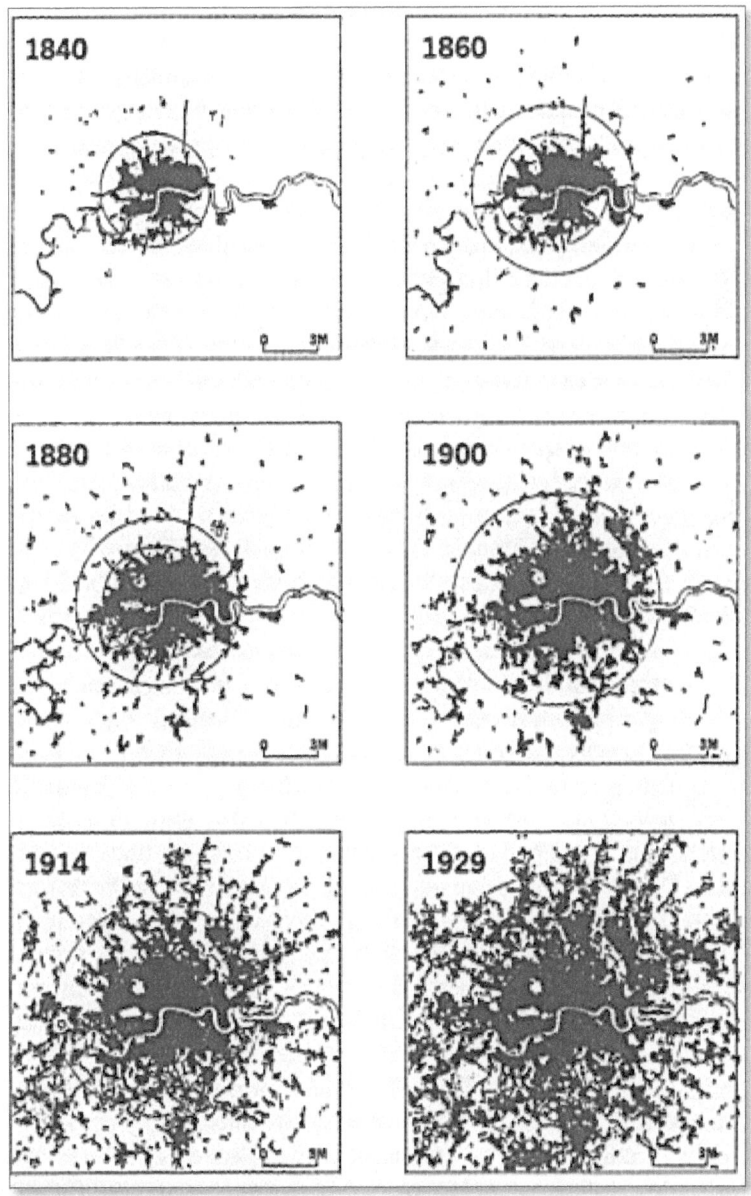

Fonte: Análise Urbana (PANERAI, 2006, p.54)

Análise do Setor Sul

Para a compreensão do Setor Sul, foi necessário considerar divergentes camadas que inter-relacionam entre si construindo as condições urbanas atuais, cada fragmento pôde ser estudado como peça integrante de debilidades e qualidades que o bairro contém, identificando assim, as causas de problemas e potencialidades que determinadas áreas possuem.

A justifica um análise urbana no Setor Sul em 2020 pela categoria de Phillipe Panerai é a sua situação de heterogeneidade (caracterizada pelas multicentralidades presentes em áreas dispersas) em contrapeso com as condições originárias de homogeneidade (identificadas em sua concepção pelo modelo único sólido de cidade-jardim), produziram questões e problemas urbanos relacionados ao que houve de fato no processo histórico de formação deste bairro que causou tanta deformação e inconformidades.

Panerai (2006), propõe um método que age em escalas, sendo assim, o estudo de uma região a partir de uma área, ou vice-versa, para o autor é preciso abandonar os velhos métodos tradicionais:

> *A análise urbana [...] não deveria fugir da dificuldade presente na apreensão de territórios por demais vastos para que neles possam ser aplicados adequadamente os métodos tradicionais. [...] É preciso habituar-se a visões fragmentárias, perder a ilusão de tudo ver. [...]. Memorizar aquilo que mal se teve tempo de entrever. Orientar-se a encontrar, ler mapas rodoviários, saber parar, trabalhar com amostras sem perder um entendimento de conjunto. O método não é nada cômodo, está longe dos corpora bem delimitados e das referências seguras. (PANERAI, 2006, p.43).*

Logo, a categoria de Phillipe Panerai utilizada nesta obra é a de crescimento, com o objetivo principal a ocupação do Setor Sul de Goiânia ao longo do tempo.

As cidades atuais não é diferente dos aglomerados urbanos do passado, pode ser compreendida como região urbana, porém, constituída por condições de gêneros diferentes como: centralidades em um mesmo bairro, pontos modais de transporte, áreas mutáveis que independem das caraterísticas físicas, adensamento instantâneo de regiões alvo de especulação imobiliária, dentre outras causas que caracterizam a cidade difusa (SECCHI, 2000) ou genérica (KOOLHAAS, 1998).

Segundo Panerai (2006, p.14), a cidade contemporânea não necessita de modelos sólidos como os conceitos de cidade-jardim, industrial ou moderna, ela se insere em uma outra ordem de condicionantes que nascem da materialização de práticas dos habitantes e a forma que elas consequentemente afetam o ambiente construído.

Os avanços da informação e tecnologia a partir de meados do século XX, proporcionou mudanças na vida das pessoas e automaticamente a alteração do ambiente urbano, por exemplo, um terminal rodoviário pode ter dimensão muito maior que um centro comercial de uma cidadezinha provinciana.

O desencadeamento da evolução tecnológica reduziu o tamanho do mundo, as pessoas podem se deslocar pelos continentes em algumas horas, a fácil conexão causou a diluição da cidade no território e as formas de estudá-las e planejá-las agora devem abranger a totalidade de suas complexidades.

História do Setor Sul

O levantamento histórico do Setor Sul realizado através dos arquivos fotogramétricos colhidos na Prefeitura Municipal de Goiânia identifica a forma da ocupação de suas áreas e a direção de crescimento que o bairro tomou durante o tempo. A cada década, desde a criação da capital, foram feitas fotos aéreas de toda a cidade onde as imagens eram capturadas por trechos.

Nesta montagem da figura 8, é a reunião de todas as fotos em uma só logo no início do álbum. Se trata da reunião de todo levantamento fotogramétrico a respeito da década de sessenta colhido no acervo histórico da Prefeitura Municipal de Goiânia.

Figura 8: Capa do álbum do levantamento fotogramétrico de Goiânia

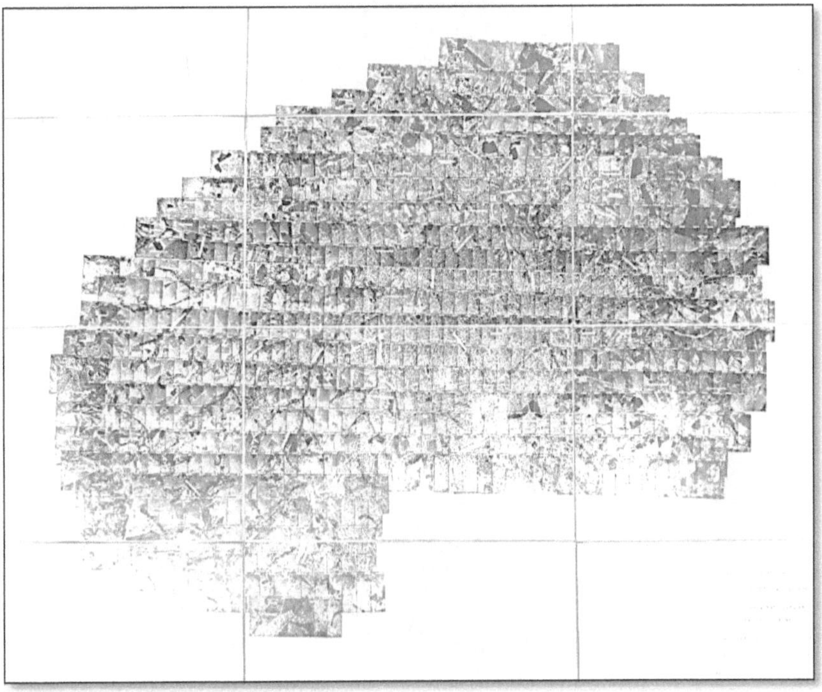

Em cada foto deste álbum há a marcação em número, e foi por essa marcação que as imagens formadoras do Setor Sul foram separadas para então serem unidas totalizando as delimitações territoriais do bairro.

Figura 9: Montagem digital do levantamento fotogramétrico de Goiânia na década de sessenta

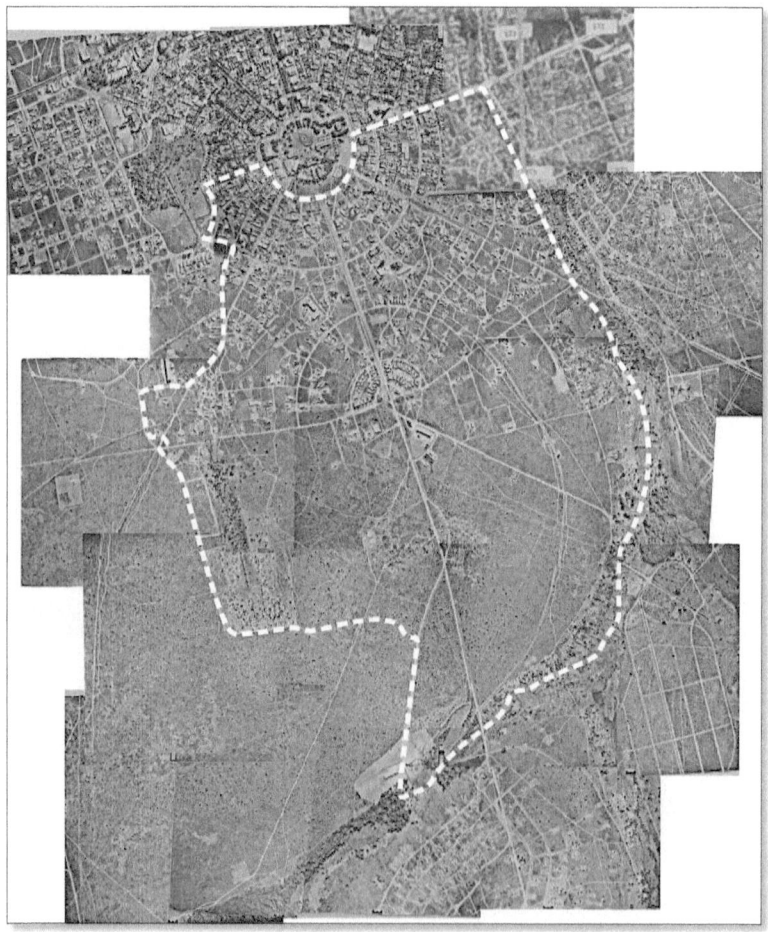

Fonte: Prefeitura Municipal de Goiânia. Montado pelo autor

Após a identificação por número de cada foto, por uma câmera fotográfica semiprofissional, foram tirados retratos das fotos do levantamento, pois, não era permitido escanear as imagens por motivos de segurança das mesmas.

Com as fotografias dos levantamentos das décadas de sessenta a noventa em mãos, já em casa, as imagens digitalizadas foram transferidas do cartão de memória da câmera para o computador, e pelo software CorelDRAW versão X7 64-bits foi possível reunir as fotos até conseguir identificar as formas do plano do bairro.

De difícil montagem das fotos das décadas de setenta e sessenta (figura 9), por alguns traçados de ruas, quadras, lotes e vielas ainda inexistentes por conta da baixa ocupação. Somente a partir da década de oitenta é que se tornou fácil a montagem das fotos pois, foi a partir desta época que a ocupação do bairro se consolidou configurando-se formalmente e estruturalmente no que ele é hoje. Com estes dados foi possível identificar a forma que os lotes foram ocupados, se foi respeitado os limites físicos naturais e principalmente, o projeto original, concebido por áreas bem ordenadas e designadas a usos específicos como: as ruas sem saída, os locais recreativos, as áreas verdes (jardins), as hierarquias viárias e os pontos principais de interligação.

Pelo levantamento fotogramétrico histórico, foi identificado que a infraestrutura urbana básica do bairro foi implementada de maneira lenta no decorrer de décadas, mostrando debilidades do poder público perante o cumprimento do projeto e da concepção aplicada no bairro, tal fator pode ser observado como gatilho de problemas que só apareceriam nos dias atuais como abandono de áreas que hoje são locais propícios a violência, vielas bem arborizadas porém inutilizadas e sem função por ausência de planejamento e estruturas físicas qualificadas.

Figura 10: Trecho da Rua 84 na década de sessenta, área da futura Praça do Cruzeiro no canto esquerdo

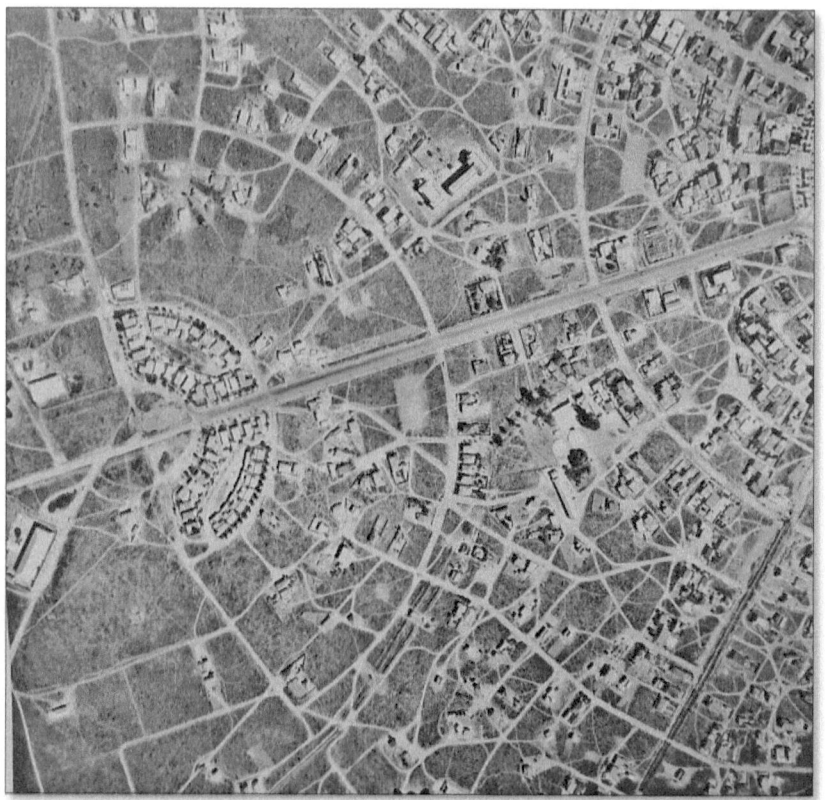

Fonte: Prefeitura Municipal de Goiânia. Acervo do autor

Pela figura 10 acima é possível identificar a ausência de infraestrutura básica como pavimentação asfáltica, praças e locais internos recreativos (presentes no plano original do bairro), rede de luz elétrica, arborização e demais elementos urbanos. A Praça do Cruzeiro (localizado no canto central esquerdo), hoje patrimônio tombado e importante marco da história de Goiânia, ainda não tinha sido ao menos construída ou delineada, portanto, é identificável o lento desenvolvimento do bairro nesta época tendo em vista a data de sua criação, meados da década de trinta.

Ocupação do Setor Sul em 2020

O método de colhimento de dados relativos à ocupação do bairro foi realizado *in loco* , de meados de 2019 a início de 2020, produzindo um mapa que permite identificar os usos em determinadas áreas do bairro.

Com sete mapas, um em cada parte do bairro disponibilizados pela Prefeitura Municipal de Goiânia impressos em folha A3, foram marcados com lápis de cor guiado por legenda os usos de cada um dos 3.358 lotes. Por dia foi possível fazer até três ruas dependendo do comprimento da mesma e do grau de dificuldade do acesso ao local.

O levantamento foi realizado por carro e por bicicleta durante três meses e quinze dias e mais outros quinze dias para a transferência de tudo que estava no papel para o arquivo digital por meio dos softwares AutoCAD versão 2018, onde foi adaptado o mapa base de Goiânia da prefeitura (excluindo informações desnecessárias) e o CorelDRAW versão X7 64-bits, principalmente para pintar a legenda nos lotes com as cores respectivas aos determinados usos.

O mapa base colhido na prefeitura e adaptado é o que demonstra abaixo na figura 11:

Figura 11: Mapa base para o levantamento *in loco* lote a lote

Fonte: Prefeitura Municipal de Goiânia. Adaptação do autor.

Este levantamento foi a principal ferramenta que comprova a identificação das condições de heterogeneidade de usos presentes no setor, pois, pela sua leitura é possível observar as centralidades dentro de suas delimitações e a distinção de suas características em diferentes pontos e linhas como:

- áreas predominantemente comercias que valorizam o bairro tornando-o visível na capital,
- regiões residenciais que passam por processo de mutação urbana (modificação de usos),
- equipamentos institucionais de relevância municipal (equipamentos de saúde, lazer e ensino),
- áreas de multiuso com predominância de casas e pequenos comércios acoplados as construções,
- usos categorizados como empresariais (escritórios diversos e sedes de empresas) difusos no bairro, e
- locais sem usos ou de utilidades específicas como os estacionamentos e os lotes vazios.

Pelo mapa é possível identificar as condições e o funcionamento do bairro. Os vestígios históricos podem ser observados, principalmente, pelo traçado das vias e a forma orgânica que naturalmente cria os locais verdes no interior das quadras do bairro.

Esses locais foram destinados originalmente ao uso residencial, porém, no decorrer do tempo os usos e o traçado foram completamente descaracterizados com a implantação de significativos projetos de edificações como:

- faculdades,
- empresas de grande porte, e
- equipamentos culturais.

A partir do desenvolvimento do mapa de uso do solo em 2020, é possível fazer a análise sequencial dos principais pontos do bairro obedecendo a um percurso gradual onde graficamente foi possível analisar as razões pelas quais determinadas regiões tomaram características distintas em relação a seus usos e seus pontos nodais.

Do ponto de vista de Panerai (2006, p.36) a análise sequencial permite estudar as modificações do campo visual perante um percurso, identificando planos que se sobrepõem na paisagem e no tecido urbano que mudam conforme o deslocamento na cidade.

No caso do Setor Sul, um pequeno percurso entre o interior de uma viela até as ruas que cruzam o bairro, pode identificar diferentes paisagens e ocupações, ou um percurso entre a Rua 90 e a praça do cruzeiro, com a sobreposição das sequencias, podem amplificar as peças monumentais da paisagem (neste caso a praça), esta análise foi feita por fotografias tiradas no decorrer do levantamento *in loco* de todo o setor.

Análise das Direções de Crescimento

Uma análise gradual das direções de crescimento e densidade urbana de ocupação no decorrer das décadas é demonstrado na figura 12 a seguir.

Figura 12: Direções de crescimento

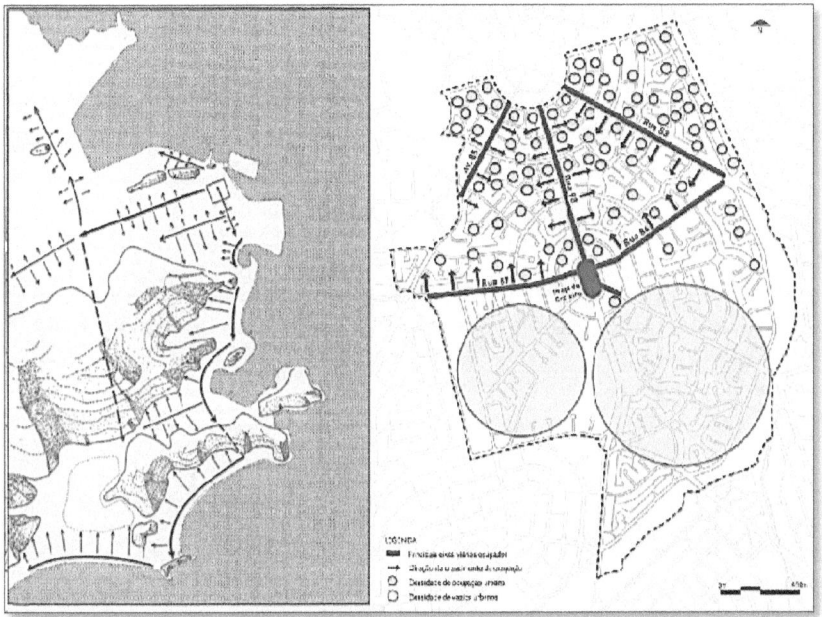

Fonte: A esquerda: direções de crescimento (PANERAI, 2006, p.56-57). A
direita: direções da ocupação do solo desde o início na década de trinta até
meados dos anos sessenta, montado pelo autor

Através dos mapas década a década da análise gradual onde
foram possíveis identificar as direções de crescimento, os eixos
viários em funcionamento e as bolhas que correspondem aos vazios
e ocupações urbanas, identificou-se o início da descaracterização do
setor em relação ao projeto original e a outros problemas urbanos
de interesse público como: ausência de infraestruturas e ocupações
indevidas de uso do solo.

Posteriormente a produção de todos os mapas de análise
urbana, foi realizada uma pesquisa a respeito do preço do metro
quadrado em vendas e locação dos imóveis no Setor Sul, bem como,
o quantitativo de anúncios de locação e venda através do Sindicato
das imobiliárias e condomínios do Estado de Goiás, evidenciando

69

problemas urbanos referentes a diminuição do adensamento e ocupação das áreas residenciais.

O bairro contém uma grande variedade de tipos de imóveis residenciais que estão sendo desocupados e aos poucos, dando lugar a outros usos como comercial, mas principalmente, escritórios de advocacia e em minoria, de engenharias.

Esse fator pode ser entendido como um processo de mutação e descaracterização no que diz respeito ao zoneamento e a paisagem urbana, produzindo assim, centralidades distintas antes não vistas e muito menos planejadas.

Desenvolvimento do Setor Sul

Ao longo das décadas o Setor Sul passou por transformações urbanas no que diz respeito a ocupação e funcionamento do bairro em relação ao que ele deveria ser no projeto inicial de Godói.

Já em 2020, o bairro está longe de ser aquilo que foi projetado na década de trinta e o descobrimento da causalidade desses problemas podem ser identificados através de análise urbana década a década, em que são indicados diferentes processos urbanos que, ao longo do tempo, consolidaram a paisagem urbana.

Nota-se que na década de sessenta (Figura 16), a maior concentração de ocupação do solo ficava ao norte do bairro entre a divisa dos bairros vizinhos principalmente do Setor Central nas extremidades da praça cívica.

Grande parte do setor ainda não estava com o traçado urbano configurado conforme projeto, muito menos a infraestrutura básica, tornando-o assim, uma área em processo de desenvolvimento e ocupação. Pode-se dizer que nessa época, pela primeira vez, os moradores da região tiveram contato com um modelo urbano inédito e intrínseco de morar em um bairro com delimitações e zoneamentos pré-configurados trazidos de fora do país, onde caso não fossem respeitados poderia causar transtornos urbanos futuros.

Figura 16: Mapa fotogramétrico na década de 1960 no Setor Sul

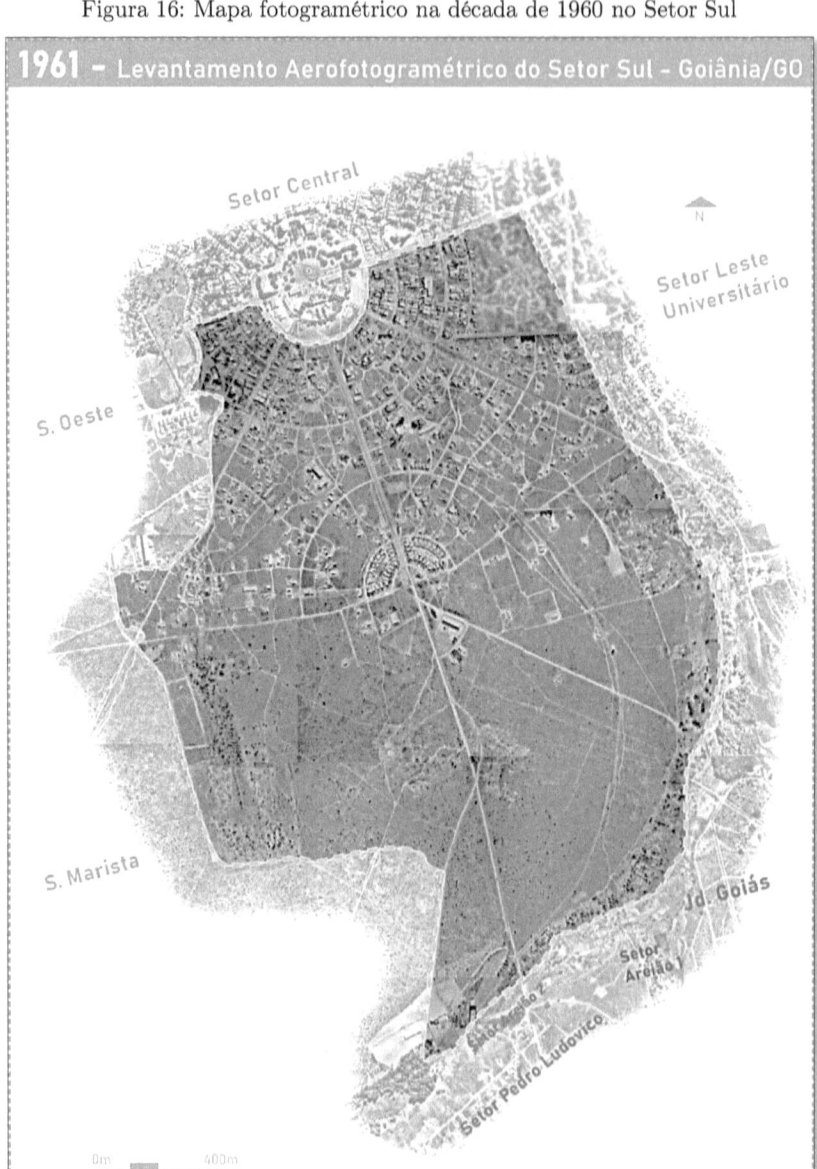

Fonte: Prefeitura de Goiânia, Fotogrametria. Adaptado e elaborado pelo autor, 2019

Figura 17: Análise sequencial na década de 1960 no Setor Sul

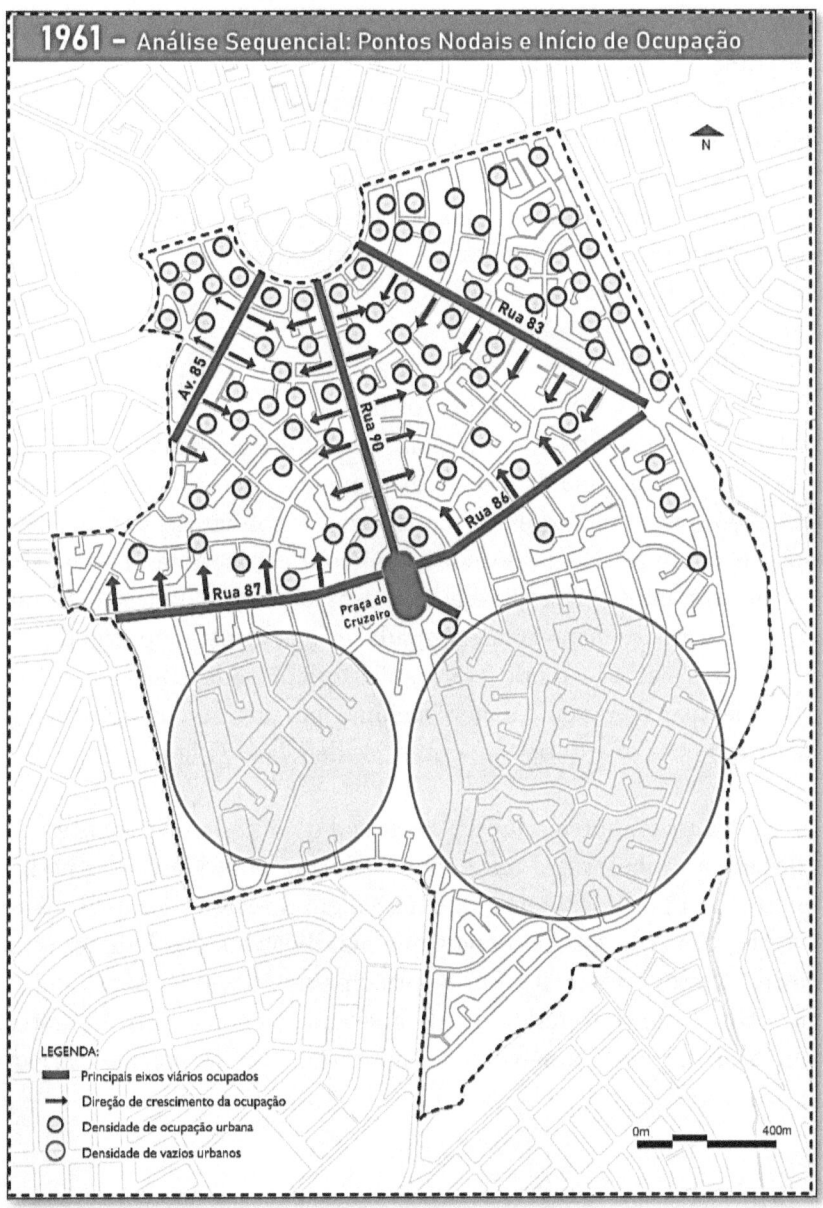

Fonte: Prefeitura de Goiânia, Fotogrametria. Produzido pelo autor, 2019

73

A ocupação dos lotes aconteceu a partir das vias destacadas no mapa de forma crescente em direção ao centro, as regiões vazias presentes nessa década podem ser justificadas pela falta de infraestrutura urbana básica até então ausentes no bairro, o que pode ter tido efeito negativo que se constata em 2020. Essa ausência de qualificação urbana básica é comprovada pelos levantamentos fotogramétricos realizados pela Prefeitura de Goiânia, no que diz respeito por exemplo, a Praça do Cruzeiro até então não construída no início da década de sessenta (Figura 18).

A partir da década de setenta o traçado urbano se consolida, e o Setor Sul começa a tomar forma. A região norte do bairro a partir da Praça Cívica está quase totalmente ocupada, mas em contrapartida, a região sul segue bem menos adensada com grandes glebas e espaços vazios e até mesmo sem a configuração das vias e espaços públicos. Nesta década o bairro é caracterizado pela falta de uniformidade, diversificação de usos e centralidades distintas, pois o contraste entre áreas ocupadas e desocupadas é grande e o uso delas é variado tendo em vista a quantidade considerável de áreas de uso comercial e institucional em alguns pontos que se misturam com os estabelecimentos residenciais. (Figura 19).

Comparando a análise sequencial da década de sessenta com a de setenta, observa-se um ganho maior de pontos lineares nodais sendo eles o prolongamento da Rua 90 em direção sul e as Ruas 88 e 89 (Figura 20). A região norte que faz divisa com os bairros Setor Oeste, Leste Universitário, e principalmente, o Setor Central encontra-se quase completamente adensado, sendo assim, é possível constatar um aceleramento na ocupação das áreas em um período de dez anos.

Figura 18: A Praça do Cruzeiro no Setor Sul em 1961

Fonte: Prefeitura de Goiânia, fotogrametria. Adaptado e elaborado pelo autor, 2019

Figura 19: Mapa fotogramétrico na década de 1970 no Setor Sul

Fonte: Prefeitura de Goiânia, Fotogrametria. Adaptado e elaborado pelo autor, 2019

Figura 20: Análise sequencial na década de 1970 no Setor Sul

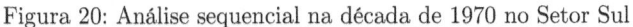

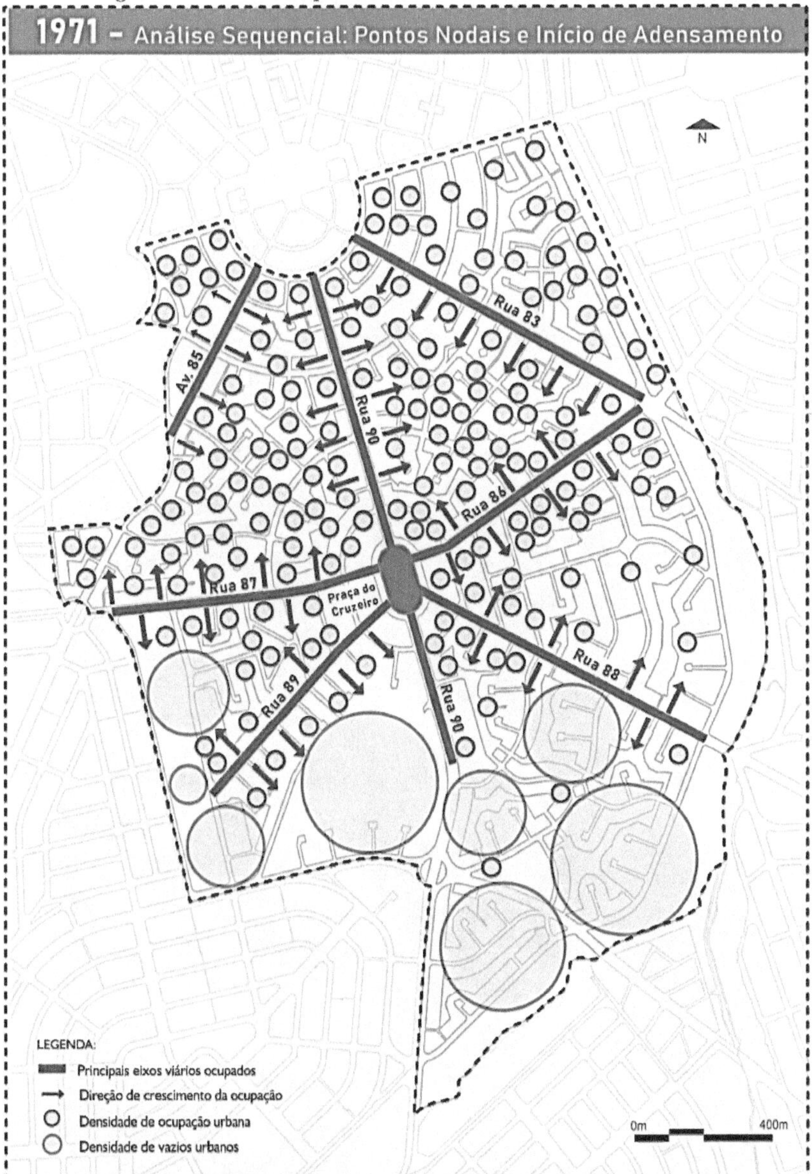

Fonte: Prefeitura de Goiânia, Fotogrametria. Adaptado e elaborado pelo autor, 2019.

Esta década foi o ponto de partida na caracterização do Setor Sul nas configurações que ele se encontra hoje, pois, foi a partir deste período que a lógica funcional do plano urbano começou a tomar prática. As ruas sem saída e os fundos de vale começaram a serem usados de forma como no projeto original em alguns locais (Figura 21), porém em outros a falta de pavimentação, construção de praças recreativas e paisagismo ocasionaram no uso inadequado dessas áreas e desconfigurando a paisagem urbana da concepção que iria prevalecer até os dias atuais (Figura 22). A Praça do Cruzeiro começa a tomar forma nesta década, porém ainda se encontrava em construção (Figura 23).

Figura 21: Uma rua sem saída com boa parte da infraestrutura completa

Fonte: Prefeitura de Goiânia, fotogrametria

Figura 22: Uma rua sem saída faltando infraestrutura conforme projeto original

Fonte: Prefeitura de Goiânia, fotogrametria

Figura 23: A Praça do Cruzeiro sendo construída

Fonte: Prefeitura de Goiânia, fotogrametria

Nos anos oitenta o bairro se consolida com a ocupação densa em quase todo o bairro (Figura 24) , os extremos sul e norte são levemente verticalizados com torres comerciais e residenciais, as vias coletoras e a arterial Rua 90 se tornam eixos comerciais de grande importância que interligam o setor com bairros vizinhos, instituições altamente relevantes para a capital como universidades, hospitais e centros culturais são construídos em pontos divergentes configurando um Setor Sul de múltiplos usos.

Figura 24: Mapa fotogramétrico na década de 1980 no Setor Sul

Fonte: Prefeitura de Goiânia, fotogrametria. Adaptado e elaborado pelo autor,
2019

Apesar da diversidade, grande parte da ocupação ainda é predominantemente residencial com casas térreas e sobrados e muita das vezes de uso misto (comercial e residencial), esta década é marcada na história do bairro como um divisor de águas no que diz respeito da consolidação e configuração do adensamento.

Através da análise sequencial (Figura 25), percebe-se a ausência das bolhas de vazios urbanos e o acréscimo da Av. Jamel Cecilio como ponto nodal linear de grande relevância a respeito do tráfego viário e do desenvolvimento comercial local. O bairro encontra-se consolidado, porém ainda com áreas debilitadas e abandonadas com usos inadequados, principalmente nos fundos verdes que deveriam ser os locais recreativos que hoje são, em alguns locais, lugares sem função urbana.

Na década de noventa, o Setor Sul se estabiliza e passa pelo seu auge, casas de médio e alto padrão são predominantes, eixos viários com comércios crescem cada vez mais ocorrendo juntamente com ele uma leve verticalização de torres com até vinte pavimentos. A infraestrutura urbana encontrava-se completa durante esses anos, o uso e preservação dos espaços públicos no interior das quadras geram problemas de características antropológicas e contemporâneas como a inadaptação dos usuários do bairro aos espaços projetados em meados do século XX, o que futuramente geraria problemas ainda mais sérios.

Figura 25: Análise sequencial na década de 1970 no Setor Sul

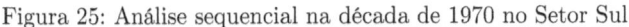

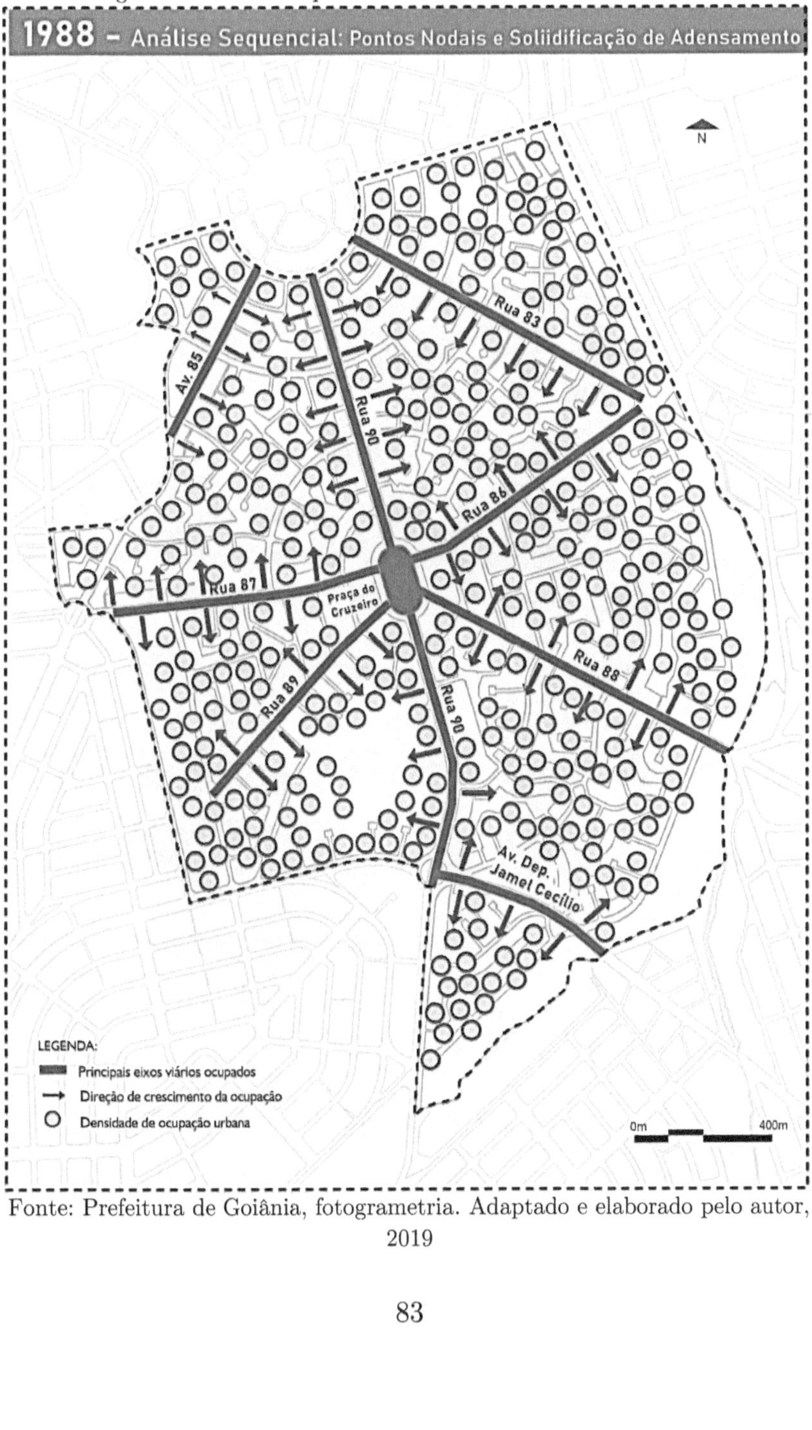

Fonte: Prefeitura de Goiânia, fotogrametria. Adaptado e elaborado pelo autor, 2019

Figura 26: Mapa fotogramétrico na década de 1990 no Setor Sul

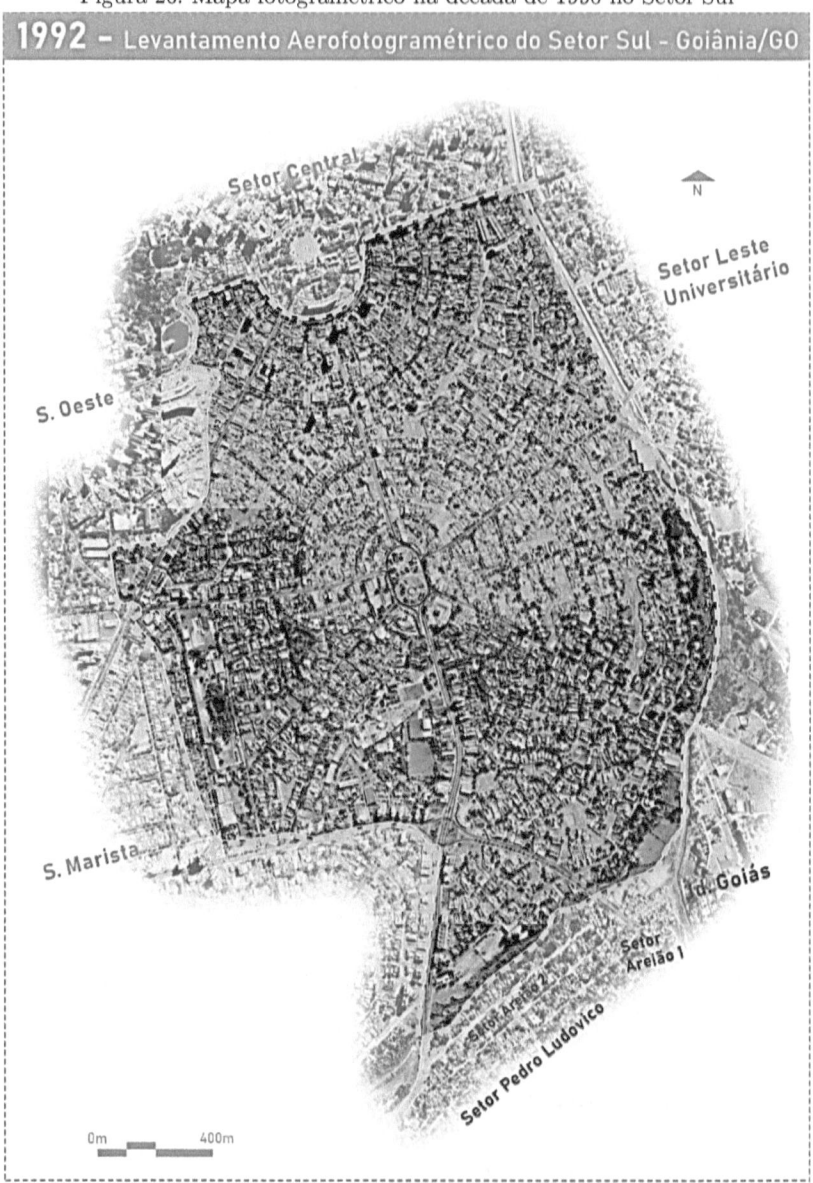

Fonte: Prefeitura de Goiânia, fotogrametria. Adaptado e elaborado pelo autor, 2019

Condições do Bairro em 2020

O mapa do bairro em 2020 (Figura 27), permite avaliar que ao longo das décadas o traçado urbano do projeto inicial continua o mesmo, porém o uso do solo se tornou misto levando em conta a demanda de comércio e serviços da região. O Plano Diretor de Goiânia estabelece apenas a rua 90 que dividi o bairro como zona de aceleração de adensamento, portanto, os restantes das áreas ficaram protegidas pelo plano o que pode ter levado a conservação de usos e o bloqueio da especulação imobiliária.

O processo de ocupação do Setor Sul ocorreu de forma lenta até a década de setenta e a partir daí se consolidou rapidamente em um intervalo de dez anos. Após a consolidação e estabilização, o bairro passou por processos intraurbanos até chegar à caracterização, uma delas foi a migração de moradores para condomínios horizontais fechados em outros bairros e regiões que prosperavam e se adensavam mais rapidamente. Como discutido no Capítulo 1 desta pesquisa, a segregação voluntária ocorreu no bairro a partir de meados da década de oitenta até os dias atuais.

O Setor Sul no passado foi ocupado por população de alto poder aquisitivo pois, como nas metrópoles brasileiras, a elite se apossava dos terrenos próximos ao centro para aproveitar a menor distância de seus equipamentos urbanos de interesse, e como o bairro foi o primeiro setor residencial da capital planejado contíguo ao centro, os primeiros habitantes de alta renda de Goiânia logo começaram a morar por ali impossibilitando as camadas populares de ter os mesmos privilégios de se morar perto do centro. Esta ocupação próxima aos equipamentos públicos urbanos existentes, pode ser evidenciada no já visto levantamento fotogramétrico da década de sessenta, onde as primeiras casas foram construídas vizinhas da então Praça Cívica, onde havia também em seus arredores, equipamentos públicos sociais como: escolas, hospitais, praças, teatros e comércios.

Figura 27: Mapa fotogramétrico no ano de 2019 no Setor Sul

86

Fonte: Google Earth. Adaptado e elaborado pelo autor, 2019

Como discutido pelo autor Villaça (1993), a história do planejamento urbano brasileiro é marcada pela elite sempre se deslocando pela cidade em círculos concêntricos, e consequentemente puxando com ela, infraestruturas, equipamentos e espaços qualitativos urbanos, não foi diferente com o Setor Sul.

Com o surgimento dos shoppings no final da década de oitenta, os grupos sociais mais ricos começaram a se mudar do bairro com o intuito de se manterem pertos desses equipamentos urbanos guiados pelo status da moradia privilegiada.

A presença das elites em determinados setores de forma temporária (até surgir um novo bairro que possa propor estilos de vida mais interessantes) ocasionou uma desvalorização de terreno e uma baixa especulação imobiliária em vários bairros da capital. Consequentemente no Setor Sul, casas térreas e sobrados, desde então abandonados por esses grupos, acabaram sendo adaptados para comércio e principalmente escritórios de advocacia, as praças públicas no interior das quadras caíram no abandono e as famosas ruas sem saída tornaram-se pontos prejudiciais à segurança pública no bairro. Todas as evidências acima são identificadas pelas fotos tiradas nessas vielas e eixos viários quando se era produzido o levantamento in loco de uso do solo do setor. Este material é explícito doravante.

Através do levantamento fotográfico, foi possível desenvolver a análise sequencial da paisagem urbana durante alguns percursos, como também, a identificação de locais com diferentes identidades no decorrer do bairro. Conforme a figura 28 fotografada no interior da Praça do Cruzeiro, é possível identificar, pelas categorias de Panerai (2006), a presença da *"simetria"* como disposição esquemática codificada da paisagem:

Figura 28: *"Simetria"* presente na Praça do Cruzeiro

Fonte: Acervo do autor, 2019

Figura 29: Os elementos do pitoresco: *"Simetria"*. Desenho de Ph. E H.
Fernandez, a partir de Ivor De Wolfe

Fonte: Análise Urbana (PANERAI, 2006, p.37)

Já nesta foto (figura 30) é possível identificar a *"inflexão"*, ou seja, a presença de uma linha que se desloca ao fundo curvando à esquerda, no caso o caminho pavimentado, juntamente com a presença do Monumento do Cruzeiro do Sul, tendo sido erguido no local onde foi celebrada a primeira missa cultural realizada em Goiânia, em 1948.

Figura 30: *"Inflexão"* presente na Praça do Cruzeiro. Monumento Cruzeiro do Sul ao fundo

Fonte: Acervo do autor, 2019

Nas vielas internas do bairro, áreas destinadas no plano original do Setor Sul a serem a entrada das casas com jardins e praças internas de recreio, foi possível identificar uma paisagem com *"abertura"*, sendo assim, amplos locais abertos rodeados por casas (figura 32). Nota-se também a ausência de equipamentos e infraestruturas públicas qualificadas como pavimentação adequada e bem delineada, brinquedos de playgrounds, vegetação bem boladas que se integram a um projeto urbanístico premeditado e presença pontos de apoio social que possam promover a segurança pública a esses locais.

Figura 31: Os elementos do pitoresco: *"Inflexão"*. Desenho de Ph. E H. Fernandez, a partir de Ivor De Wolfe

Fonte: Análise Urbana (PANERAI, 2006, p.38)

Figura 32: Interior das quadras com ruas sem saída. Fotografia com a presença de *"abertura"*, codificação de paisagem urbana das categorias de análise de Panerai (2006)

Fonte: Acervo do autor, 2019

Figura 33: Os elementos do pitoresco: *"abertura"*. Desenho de Ph. E H. Fernandez, a partir de Ivor De Wolfe

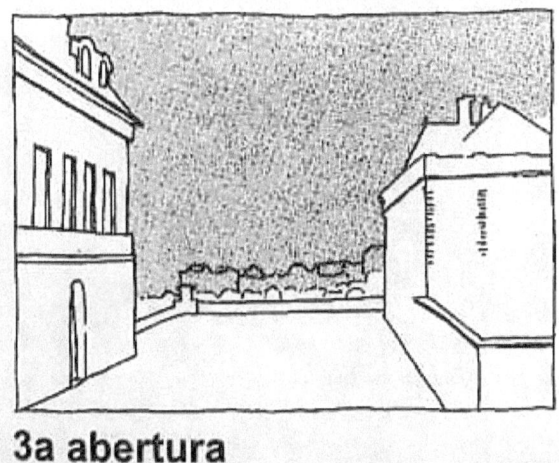

3a abertura

Fonte: Análise Urbana (PANERAI, 2006, p.37)

Tanto a *"abertura"*, é possível também identificar o *"fechamento"* nas vielas do Setor Sul (figura 34), ou seja, a presença de extremidades que ao mesmo tempo que se distanciam também tendem a se encontrarem em um mesmo local.

Nesta fotografia observa-se a presença de um equipamento de iluminação pública, porém, o mesmo se encontra isolado em meio a vegetação alta debilitada sem ao menos caminhos e pavimentações que possam orientar os moradores o local de passagem.

Figura 34: Áreas verdes no interior do bairro. O *"fechamento"* encontra-se no canto direito

Fonte: Acervo do autor, 2019

Figura 35: Os elementos do pitoresco: *"fechamento"*. Desenho de Ph. E H. Fernandez, a partir de Ivor De Wolfe

3b fechamento

Fonte: Análise Urbana (PANERAI, 2006, p.37)

Ainda no interior das vielas, identifica-se a presença de "*concavidade*" que significa a fotografia que possui uma perspectiva côncava, neste caso, a pavimentação asfáltica indo em direção à esquerda da paisagem (figura 36).

Complementando, observa-se a potencialidade destes espaços verdes com boa arborização e arejamento, talvez poderia ser possível a implementação de projetos urbanísticos para valorização destes locais através de investimentos do poder público, como de fato aconteceu com o já visto projeto CURA.

Nesta fotografia, atenta-se que algumas casas como esta do muro branco ao fundo, possui uma entrada aberta para dentro da viela respeitando o plano original do bairro.

Figura 36: Identificação da "*concavidade*"

Fonte: Acervo do autor, 2019

Figura 37: Os elementos do pitoresco: *"concavidade"*. Desenho de Ph. E H. Fernandez, a partir de Ivor De Wolfe

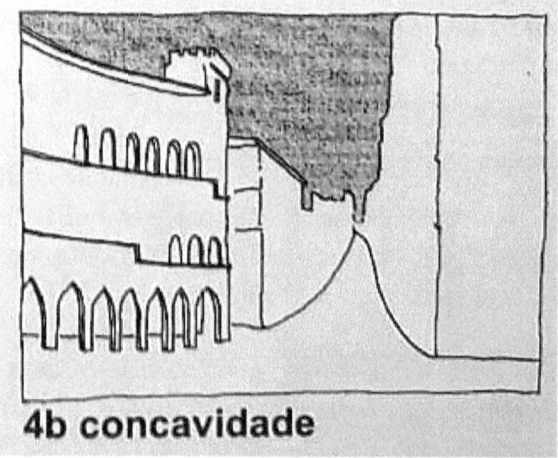

Fonte: Análise Urbana (PANERAI, 2006, p.37)

Indo para os eixos viários que cortam norte-sul e leste-oeste o bairro, esta foto (figura 38) tirada na Rua 90 representa a sequência *"demarcação axial"* das categorias de análise de Panerai (2006), sendo assim, a existência de um ponto de fuga onde as linhas da perspectiva se convergem.

Também é possível identificar a presença forte do comércio nesses eixos viários e condomínios residenciais verticais ao fundo, que de certa forma, descaracteriza a paisagem térrea proposta no plano original do bairro.

No que diz respeito as grandes edificações presentes do Setor Sul, a codificação esquemática de paisagem urbana *"perfil"* discutida por Panerai (2006) é encontrada em alguns trechos do bairro (figura 40). Observa-se o contraste que equipamentos urbanos causam na paisagem urbana é considerável, uma vez que grande parte do Setor Sul é caracterizada por edificações de baixa altura por conta de seu zoneamento e tombamento.

Figura 38: Rua 90, perspectiva identificada como *"demarcação axial"* das categorias de Panerai (2006)

Fonte: Acervo do autor, 2019

Figura 39: Os elementos do pitoresco: *"demarcação axial"*. Desenho de Ph. E H. Fernandez, a partir de Ivor De Wolfe

2b demarcação axial

Fonte: Análise Urbana (PANERAI, 2006, p.37)

Figura 40: Universidade Salgado de Oliveira na Rua 87. Foto com a presença da identificação da codificação *"perfil"* das categorias de Panerai (2006)

Fonte: Acervo do autor, 2019

Figura 41: Os elementos do pitoresco: *"perfil"*. Desenho de Ph. E H. Fernandez, a partir de Ivor De Wolfe

5a perfil

Fonte: Análise Urbana (PANERAI, 2006, p.38)

A identificação de contrastantes formas na paisagem urbana dessas sete sequências de fotos, da luz a ideia de que o bairro contém locais com distintas características como:

- eixos viários com predominância de comércio,
- serviços,
- prédios residenciais e empresariais, e
- grandes áreas térreas que formam uma paisagem homogênea de escala única propositalmente pensado no projeto original do bairro em meados da década de trinta.

A multivariedade de usos se faz presente em trechos lineares viários e em alguns pontos locais, a constatação deste fator se fez presente através do levantamento in loco da ocupação do uso do solo no bairro realizado a partir de metodologia já exposta e como será visto doravante.

Através do mapa de uso do solo (Figura 42), conforme levantamento "in loco", percebe-se uma paisagem urbana eclética formada por áreas de concentração de usos residenciais, eixos lineares de usos comerciais e pontos institucionais espalhados aleatoriamente no bairro.

As vias coletoras que cruzam o setor dando acesso aos aglomerados urbanos vizinhos, são quase totalmente ocupadas por comércios e instituições de saúde e ensino, enquanto as vias locais que formam as vielas e ruas sem saída, continuam sendo áreas residenciais conforme plano original.

Figura 42: Mapa de levantamento de uso do solo do Setor Sul em 2019

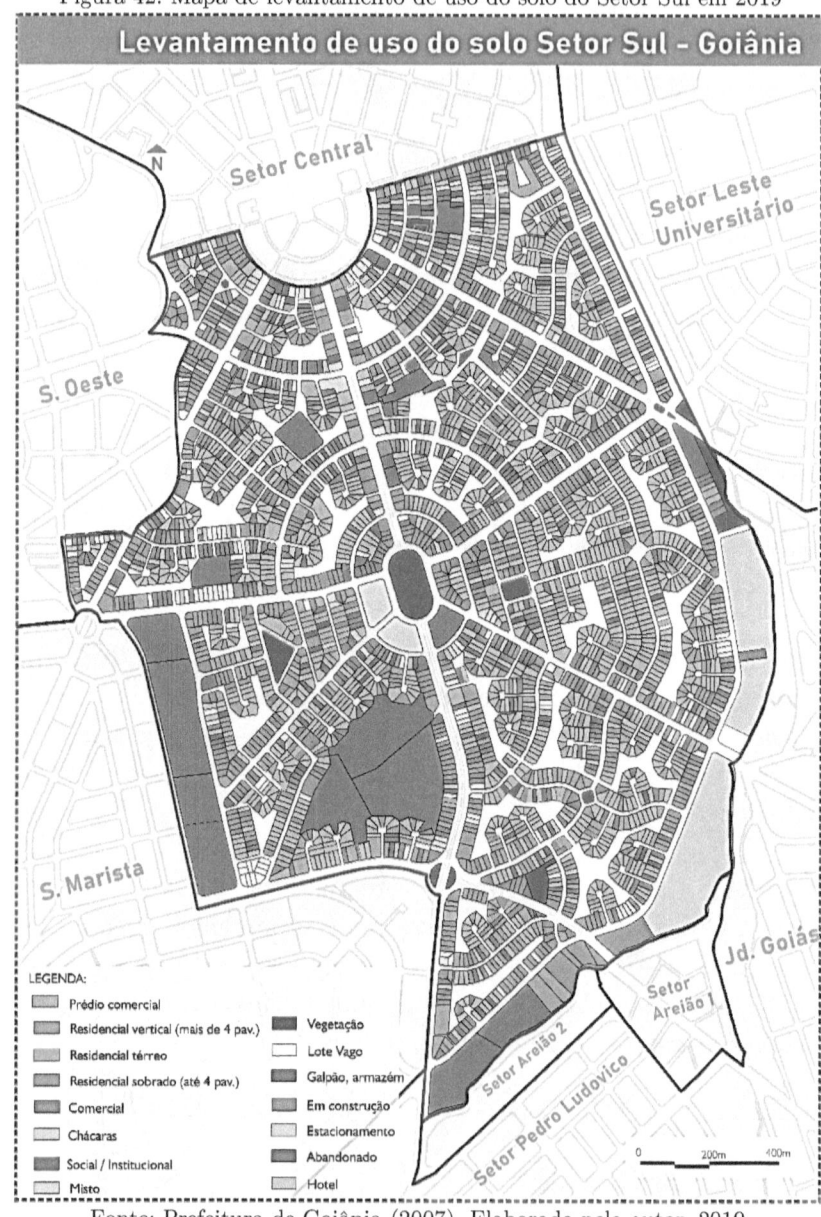

Fonte: Prefeitura de Goiânia (2007). Elaborado pelo autor, 2019

Observa-se que no gráfico (figura 43), no que se refere a ocupação de lotes residenciais, grande parte é predominantemente ocupado por casas térreas seguindo por construções de sobrado de até quatro pavimentos, e por último, os condomínios residenciais verticais com mais de quatro andares caracterizando a paisagem urbana do bairro horizontalizada e provinciana.

Já os lotes sociais e comerciais a predominância, no que diz respeito a quantidade, é a atividade comercial, porém grandes áreas do bairro são ocupadas por atividades sociais e institucionais como igrejas, escolas, faculdades e estabelecimentos culturais.

Figura 43: Gráfico de ocupação dos lotes residenciais, comerciais e institucionais (2019)

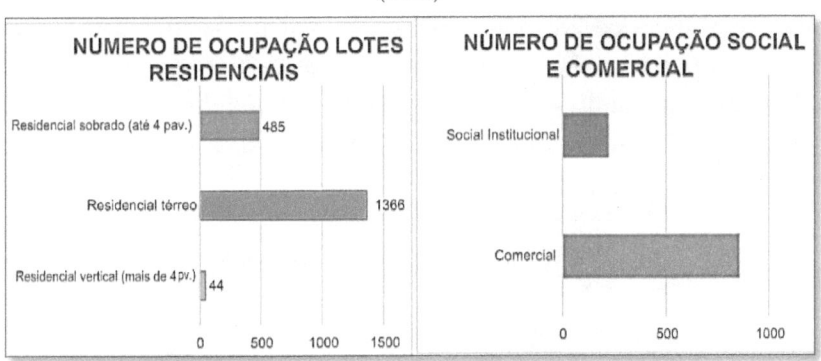

Fonte: Adaptado e elaborado pelo autor, 2019

Pelo o gráfico de ocupação de lotes dos demais usos (figura 44), nota-se um dado preocupante: grande número de lotes abandonados (156) seguidos por lotes vagos (64) e somente por último, em construção (6). Isto significa baixa movimentação e desenvolvimento urbano no bairro, resultando em locais vazios propícios a proliferação de violência e desqualificação de espaços públicos.

Figura 44: Gráfico de ocupação de demais usos (2019)

NÚMERO DE OCUPAÇÃO DE DEMAIS USOS

- Abandonado — 156
- Estacionamento — 98
- Em construção — 6
- Galpão, armazém — 5
- Lote vago — 64

Fonte: Adaptado e elaborado pelo autor, 2019

Por último, o gráfico de ocupação geral dos lotes no Setor Sul (figura 45), apresenta um dado importante, dos 3.357 lotes existentes cerca de 2.219 são de uso residencial, sendo assim, mais de 60% do bairro é composto por casas dentre elas térreas ou sobrados concluindo que a concepção original de uso do bairro continua predominantemente a de uso residencial.

Figura 45: Gráfico dos lotes no Setor Sul (2019)

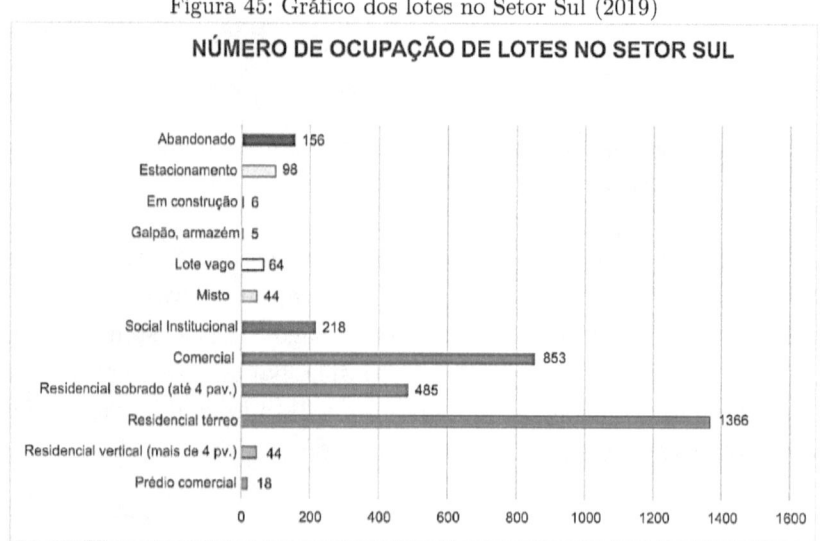

Fonte: Adaptado e elaborado pelo autor, 2019

Valorização Imobiliária do Setor Sul

O Setor Sul possui em 2020 uma quantidade de 1.895 lotes ocupados por uso residencial dentre eles: casas térreas, sobrados, condomínios verticais. É o tipo de ocupação de maior uso no bairro, obtendo assim, coerência com o projeto original: um bairro planejado de uso residencial na nova capital de Goiás. O levantamento de ocupação comprovou a grande quantidade de casas térreas, cerca de 1851, porém, um número significativo de anúncios de venda e locação desses imóveis evidenciam a evasão e o desaceleramento do adensamento do setor como é mostrado nas tabelas 1 e 2:

Tabela 1: Preço no metro quadrado e quantidade de anúncios em venda de imóveis no Setor Sul

Indicador de Preço de Mercado do Metro Quadrado em Vendas no Setor Sul em Goiânia			
Tipo de imóvel	Valor médio (R$) do m² 2018	Quantidade de anúncios - 2018	Variação 12 meses (%)
Apartamento 1 Dormitório	R$ 3.037,65	69	2,78%
Apartamento 2 Dormitórios	R$ R$ 2.613,2	126	19,23%
Apartamento 3 Dormitórios	R$ 2.561,01	324	-0,92%
Apartamento 4 Dormitórios	R$ 3.865,75	35	-42,15%
Flat	R$ 4.914,73	66	3,51%
Casa 3 Dormitórios	R$ 3.159,09	282	10,64%
Casa 4 Dormitórios	R$ 2.208,65	255	7,72%
Casa 5 Dormitórios	R$ 2.890,26	148	-5,26%
Sobrado 3 Dormitórios	R$ 3.224,31	74	5,76%
Sobrado 4 Dormitórios	R$ 2.604,43	170	-8,56%
Sobrado 5 Dormitórios	R$ 3.080,81	122	0,18%

Fonte: Secovi Goiás e Gupom, resultado da pesquisa do 4º trimestre de 2018

Tabela 2: Preço no metro quadrado e quantidade de anúncios em locação de imóveis no Setor Sul

Indicador de Preço de Mercado do Metro Quadrado em Locação no Setor Sul em Goiânia		
Tipo de imóvel	Valor médio (R$) do m² 2018	Quantidade de anúncios - 2018	Variação 12 meses (%)
Apartamento 1 Dormitório	R$ 16,30	136	0,66%
Apartamento 2 Dormitórios	R$ 11,43	184	-2,18%
Apartamento 3 Dormitórios	R$ 10,34	173	0,24%
Apartamento 4 Dormitórios	R$ 8,34	41	28,64%
Flat	R$ 14,24	15	-66,94%
Quitinete	R$ 20,75	58	9,21%
Casa 1 Dormitório	R$ 16,01	20	4,64%
Casa 2 Dormitórios	R$ 14,72	70	4,86%
Casa 3 Dormitórios	R$ 11,24	180	2,61%
Casa 4 Dormitórios	R$ 12,55	155	0,83%
Sobrado 3 Dormitórios	R$ 15,62	47	16,04%
Sobrado 4 Dormitórios	R$ 12,07	40	-5,89%
Sobrado 5 Dormitórios	R$ 18,48	25	36,60%

Fonte: Secovi Goiás e Gupom, resultado da pesquisa do 4º trimestre de 2018

Percebe-se o número de anúncios de casas a venda, cerca de 796, relacionando com o quantitativo de lotes ocupados por casas, 1851, constata-se que cerca de 43% dos usos residenciais térreos estão em anúncio para venda.

Já a respeito dos aluguéis, são somados 537 anúncios, ou seja, juntando a locação com a venda, são cerca de 1333 lotes residenciais de 1851 expostos a desvalorização imobiliária e possível modificação de uso.

Pela tabela 3, é possível identificar a tipologia residencial com maior anúncios e a variação do preço de locação, sendo este um dos maiores da capital, cerca de R$ 7.500,00 de acordo com o resultado da pesquisa do 4º trimestre de 2018.

Tabela 3: Tipologia de imóveis com maior número de anúncios no Setor Sul

Maior número de anúncios		
Aluguel	Casa 3 Dormitórios	OBS: Tamanho médio: 158,54 m²
	Casa 4 Dormitórios	OBS: Tamanho médio: 283,29 m². Locação de maior valor fica no Setor Sul: R$ 7.500,00
Venda	Casa 4 Dormitórios	OBS: Tamanho médio: 263,02 m²

Fonte: Secovi Goiás e Gupom, resultado da pesquisa do 1º trimestre de 2018

Através das tabelas foi possível concluir que mais de 50% dos lotes residenciais do Setor Sul ou estão em anúncios de venda, ou em de locação, isto se torna evidente o desinteresse da população em residir no bairro.

A tabela 3 demonstrou uma considerável quantidade de casas de alto padrão com elevados valores de locação, como também, o maior número de anúncios onde é evidenciado as residências de médio e grande porte caracterizados por três a quatro dormitórios.

Para se obter melhor clareza sobre os quantitativos de lotes residenciais no bairro, foram produzidos quatro mapas para a identificação desses usos (figuras 46, 47, 48 e 49)

Figura 46. Mapa de ocupações: residenciais, mistas e abandonadas

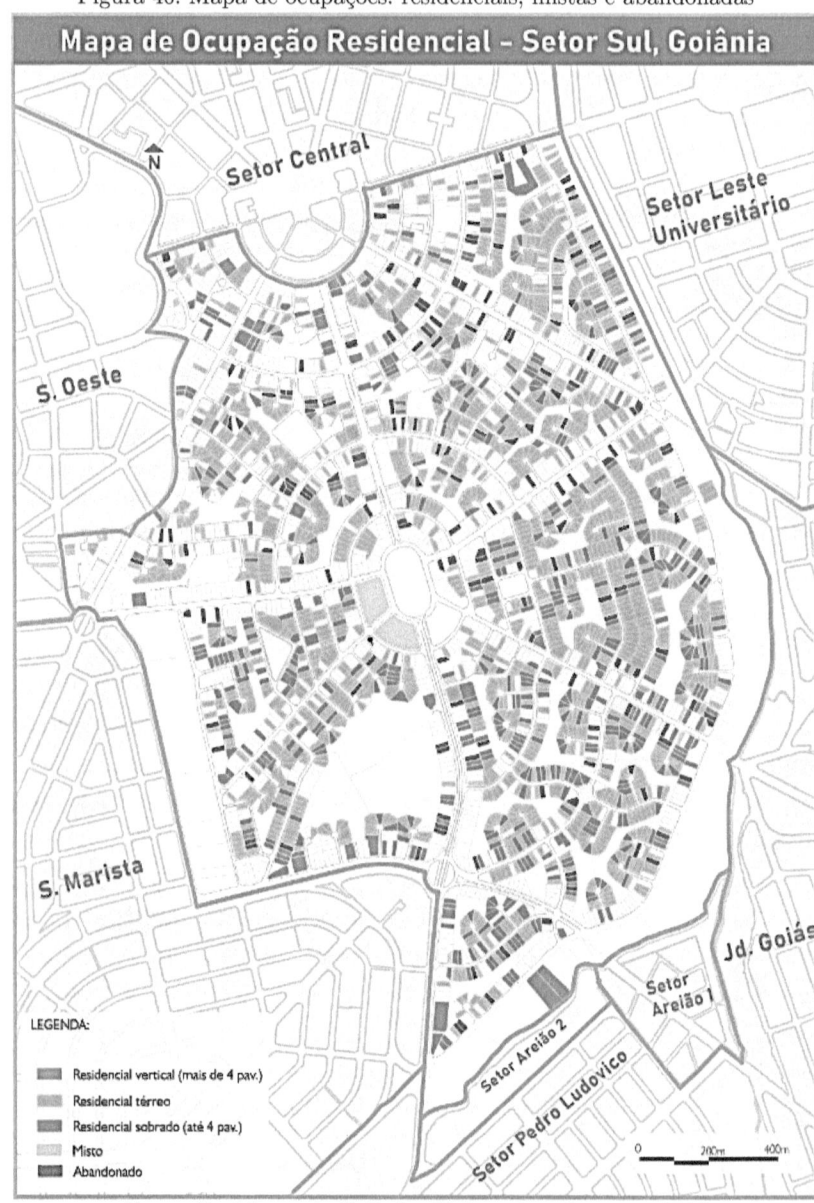

Fonte: Prefeitura de Goiânia. Elaborado pelo autor, 2019

Figura 47. Mapa de ocupação residencial vertical

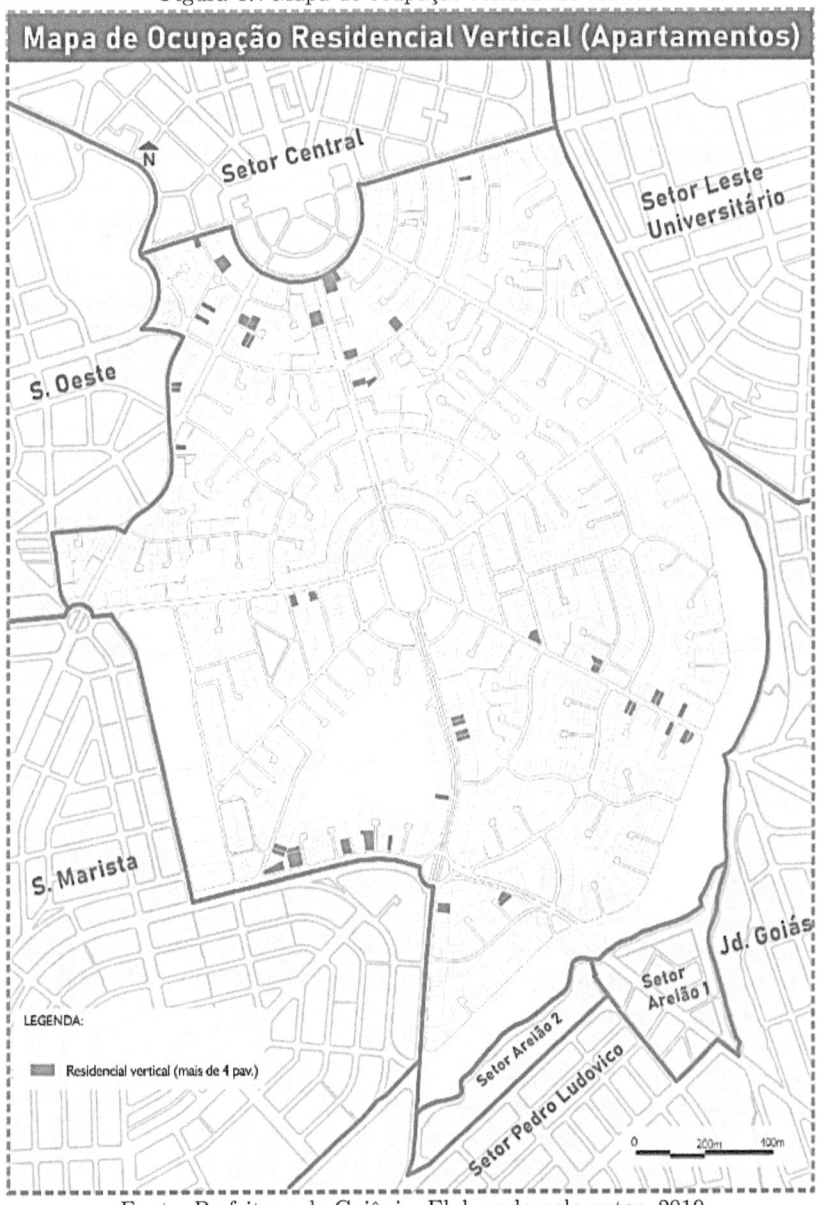

Fonte: Prefeitura de Goiânia. Elaborado pelo autor, 2019

Observa-se na figura 46 que a maioria dos lotes do Setor Sul são ocupados por edificações com até 4 pavimentos. Isto significa uma significativa padronização da paisagem urbana e o cumprimento do zoneamento do bairro que impede a construção de arranha céus no interior das quadras. Já na figura 47, destacam-se pequenas quantidades de prédios especificamente localizados nos principais eixos viários que cortam a malha urbana do bairro.

A figura 48 demonstra os lotes residenciais com sobrados de até 4 pavimentos. São estes os mais afetados pela desvalorização imobiliária pois, somados, possuem o maior número de anúncios de venda e locação.

É possível fazer um paralelo de que a maior parte dessas edificações eram ocupadas pelas elites até o final da década de oitenta. Pode-se deduzir a evidência de segregação voluntária nesses usos uma vez ao deslocar para outros bairros, as elites deixam para trás mansões de grande porte expostas a venda e locação, como evidenciado nessa pesquisa.

Figura 48. Mapa de ocupação residencial sobrado

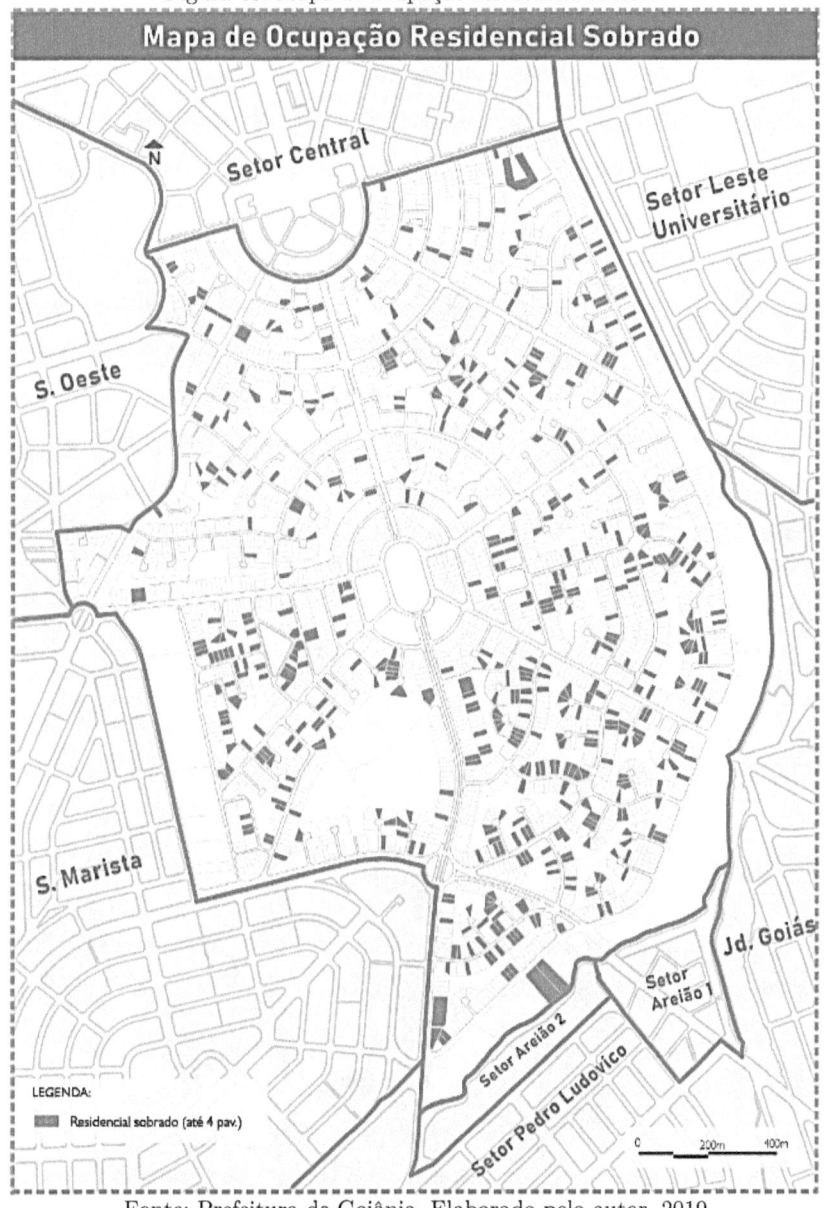

Fonte: Prefeitura de Goiânia. Elaborado pelo autor, 2019

Figura 49. Mapa de ocupação residencial térreo

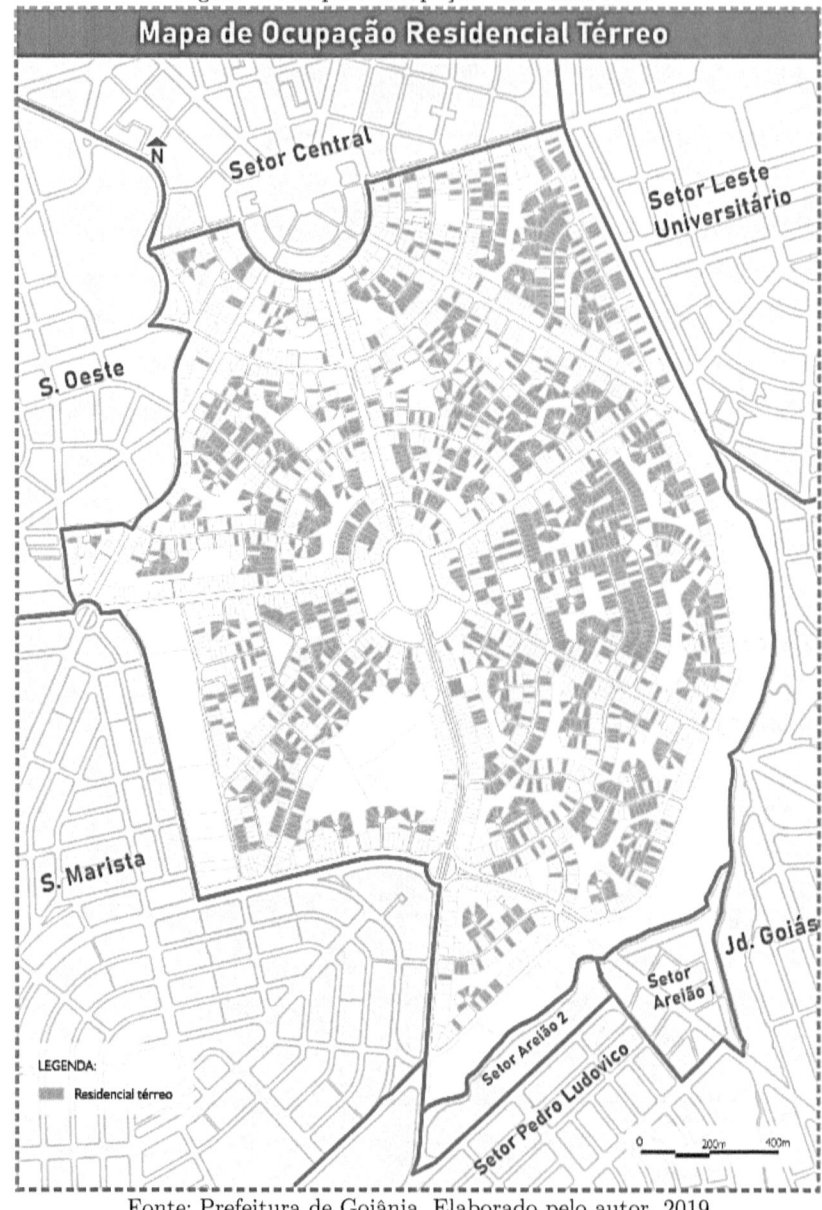

Fonte: Prefeitura de Goiânia. Elaborado pelo autor, 2019

A figura 49 demonstra a homogeneidade da tradicional ocupação residencial do Setor Sul. Foi possível evidenciar que a essência primordial de uso e ocupação do bairro foi mantida, apesar que diversas casas passaram a ter outros usos no decorrer do tempo, o bairro ainda continua residencial.

Observa-se que no decorrer das vias que cortam o setor interligando-o a outros bairros, quase não se estabelece a ocupação residencial, os estabelecimentos de comércio, por questões condicionais de tráfego rodoviário e acessos, não estão localizados no interior das quadras, mas sim, as residências por respeito ao plano original do bairro.

Transformações do Setor Sul

Através dessa pesquisa foi possível identificar as diferentes formas urbanas que tomaram a região correspondente ao Setor Sul, desde o início de sua ocupação, até os dias atuais.

Os dados históricos e atuais apresentam transformações e divergências em relação ao plano original que ocorreram no passar das décadas, como o surgimento de novos usos não planejados, e a utilização de casas para outros fins, tais eles são: culturais, institucionais ou comerciais.

Existem fatores que podem explicar tais divergências como a demora na execução da infraestrutura básica (cerca de três décadas) ou as mudanças do mundo com os avanços da tecnologia, este por último resultou na mudança de hábitos culturais antropológicos na vida humana.

A globalização sob o ponto de vista do capitalismo resultou, por exemplo, no predominante uso do automóvel como principal meio de transporte que consequentemente quebrou com o conceito de utilidade das ruas sem saída no bairro, hoje elas são utilizadas como principal acesso as casas e não como acesso de serviço, da forma como foi projetado originalmente.

É detectar que as áreas internas que seriam locais recreativos e verdes se deterioraram no decorrer do tempo, e a maior parte delas ou estão ocupadas por instituições e comércio, ou estão abandonadas gerando problemas sociais e urbanos.

Até 2020, parte da infraestrutura que seria formada por praças e vias compartilhadas nunca foram feitas por parte do poder público, tornando-se um desafio para os governantes em como transformar estas áreas em locais vivos de uso público e que possam gerar desenvolvimento econômico para o bairro. Sob a luz das tentativas de recuperação, ou melhor referindo, construção do lugar, o projeto CURA – Comunidade Urbana para a Recuperação Acelerada, foi uma proposta esperançosa de fazer acontecer o plano urbanístico do Setor Sul e que, infelizmente, não foi concretizada cem porcento por problemas na gestão pública.

Após a década de oitenta não houve criação de projetos deste tipo que propusesse garantir espaços de qualidade, pelo contrário, houve descaso e abandono de certos locais no interior das quadras e no bairro como um todo.

A aplicação do modelo urbano de cidade-jardim no Setor Sul, foi com certeza, um projeto ousado e muito bem recebido na época do início da construção e concepção da capital goiana. Porém, a realidade das condições atuais do bairro, demonstram que o grande responsável pelas áreas debilitadas, principalmente no interior das quadras, foi o poder público, pois houve de fato flexibilização na aprovação dos projetos residenciais na prefeitura com as frentes das casas viradas para as ruas sem saída, desrespeitando assim, a concepção do plano de urbanização original do bairro.

O estado também não cumpriu com reparos, construções e reformas de valorização das áreas internas verdes destinadas ao lazer e recreio, onde até os dias atuais, essas áreas exibem cenários de abandono e proliferação de possíveis problemas sociais. Existem discussões a respeito da inadaptação da população goiana a proposta deste modelo urbano importado de fora, porém, são questões antropológicas que não foram aprofundadas nesta pesquisa.

O estudo a respeito do planejamento urbano brasileiro trouxe explicações para as lacunas teóricas existentes na história da ocupação do bairro, principalmente, no que diz respeito aos processos intraurbanos discutidos por Villaça (1993) sobre a segregação voluntária, ou seja, quando determinado grupo social (nesta discussão as elites) se desloca para outros bairros da cidade carregando consigo privilégios urbanos e deixando pra trás problemas de desvalorização urbana.

Fato evidente que ocorreu no Setor Sul a partir de meados da década de oitenta e que continua acontecendo em outros bairros da cidade de Goiânia e demais metrópoles brasileiras.

Sobre as práticas de planejamento urbano atuais, a discussão do *"marketing city"* sob a luz dos planos estrategistas, pode ser inserida em futuras propostas de planos de intervenção urbana uma vez que o bairro está exposto o tempo todo a especulações capitalistas em que intervenções e parcerias público-privada podem, talvez futuramente, acontecer se caso houver mudanças no Plano Diretor da capital. O desejável é este tipo de planejamento não acontecer de forma extremista, uma vez que o plano urbanístico do bairro está inteiramente mergulhado na

111

história da concepção de Goiânia, e intervir no traçado das vias e na paisagem urbana, por exemplo, seria uma fatalidade para o universo histórico da capital.

O método utilizado para levantamento de dados relativos ao uso e ocupação do solo, realizado artesanalmente lote a lote por todo o bairro, foi muito gratificante pois, houve de fato a identificação da situação ocupacional do sítio.

Os eixos viários lotados de comércio inseridos nas extremidades das quadras majoritariamente residenciais, deram luz a heterogeneidade do bairro no que diz respeito a relação de usos e funcionamento.

A principais avenidas e ruas, principalmente, aquelas que interligam o Setor Sul aos outros bairros não possuem o mesmo movimento e funcionamento, como também, mesma vida e dinâmica que o interior das quadras com suas vielas e ruas sem saídas. É como se as quadras, caracterizadas pelas áreas verdes e tecido urbano orgânico, não conversassem com o restante do bairro. É provável que essa foi a proposta da concepção do setor, porém, essa heterogeneidade de funcionalidade e dinamismo soa mais forte em 2020 do que na época em que o bairro foi criado.

É fato que o mapa de levantamento de uso do solo (figura 42) demonstra um leque de inúmeras formas de ocupação que vão desde os tradicionais usos comerciais e residenciais, até os armazéns e chácaras.

O Setor Sul não perdeu a característica de sua concepção original de ser um setor residencial, uma vez que a maioria de sua área ocupada, cerca de 1851 lotes, são de casas dentre elas sobrados, condomínios verticais, chácaras e de uso misto.

Em 2020 grande parte dessas residências estão sendo adaptadas para outros usos, como por exemplo, escritórios e clínicas derivadas, evidenciando assim, a evasão de pessoas do bairro e a desvalorização imobiliária.

Os levantamentos fotogramétricos transfigurados em mapas demonstram que o processo de ocupação do Setor Sul durante o tempo, especificamente a partir da década de sessenta, aconteceu de forma lenta, tendo como início a densidade ocupacional vindo da região norte da capital a partir da Praça Cívica.

Pelas fotos aéreas colhidas na Prefeitura Municipal de Goiânia, é possível constatar que a infraestrutura urbana básica do bairro (principalmente asfalto, rede elétrica e praças públicas) somente foi totalmente concluída cerca de quatro décadas após o decreto de sua construção (final da década de trinta).

Tendo em vista os dados históricos, o bairro em si nunca teve seu auge no que diz respeito as qualidades urbanas propostas em seu plano original, pois, logo após sua considerável densidade ocupacional na década de setenta, o estado cria o projeto CURA justamente para construir e reconstruir praças, playgrounds, mobiliários e outras infraestruturas urbanas até então inexistente ou debilitadas na época.

O projeto terminou na década de oitenta sem ser finalizado, e desde lá, consta-se nas áreas internas das quadras, o mesmo cenário de ausência de tratamento urbano existido naquela época.

O levantamento fotogramétrico e a análise sequencial da paisagem urbana feita através de fotos só foram possíveis pelo auxílio da obra de Phelippe Panerai "Análise Urbana" (2006), pois, o autor trabalha a morfologia urbana através de peças gráficas que sintetizam as formas da cidade trazendo com clareza o

113

conhecimento de determinado sítio a ser estudado, neste caso o Setor Sul.

Os códigos descritos por ele como elementos do pitoresco: concavidade, abertura, fechamento, inflexão, demarcação axial, simetria e perfil (PANERAI, 2006), foram importantes para a identificação dos cenários da paisagem urbana do bairro e suas interessantes características formais vistas em escala humana.

Conclui-se que o Setor Sul de Goiânia vivenciou consideráveis transformações urbanas uma vez que, desde a sua concepção até os dias atuais, o mundo passou por avanços tecnológicos e ideológicos que mudaria para sempre as relações humanas, e consequentemente, o espaço físico, resultando na impossibilidade de sustentação de modelos urbanos sólidos e concretos.

O bairro é a prova de um experimento urbanístico não só de adaptação social, mas também de revelação evidente dos problemas relativos a processos intraurbanos brasileiros liderados pelo poder público e outras forças externas que causam, quase sempre, os desafios aos planejadores urbanos nas cidades.

O estudo dos usos do espaço urbano, bem como do processo gradual histórico de ocupação destas áreas, garante um conhecimento rico sobre a cidade e suas realidades, servindo de base para planejadores urbanos, e talvez, possíveis intervenções por parte do poder público que possam garantir melhor qualidade de vida aos cidadãos e espaços públicos urbanos.

– F I M –

Referências

CHOAY, Françoise; O Urbanismo: Utopia e realidades de uma antologia; São Paulo: Editora Perspectiva, 2003

DAHER, Tânia. O projeto Original de Goiânia. Goiânia: Revista UFG, ano XI, nº6, 2009. 15p.DINIZ, Ana Maria.

DEL RIO, V. (1990) Introdução ao Desenho Urbano no Processo de Planejamento. São Paulo: Pini.

FARIAS, Ana Carolina Carvalho; BRITTO, Pedro Dultra. A Urbanidade das Áreas Verdes do Setor Sul/Goiânia–Cartografando Bricolagens e Desejos. SEMINÁRIO NACIONAL: PENSANDO O PROJETO, PENSANDO A CIDADE, 2016.

FREITAG, Bárbara. Teorias da cidade. Campinas (SP):Papirus, 2006. 192p.

GOIÂNIA, Prefeitura de. Plano Diretor de 2007. Goiânia: SEPLAM, 2007.

GOITIA, Fernando Chueca; Breve História do Urbanismo; Editorial Presença; Lisboa; Fevereiro de 2003.

HOWARD, E. Cidades-Jardins de amanhã. São Paulo: Hucitec, 1996.

MANSO, Celina Fernandes Almeida. Goiânia: uma concepção urbana moderna e contemporânea, um certo olhar. Goiânia: Edição do autor, 2001.

MORAES, Lúcia Maria. A segregação planejada: Goiânia, Brasília e Palmas. Goiânia: UCG, 2006.

PANERAI, Philippe. Análise Urbana. Brasília. Editora Universidade de Brasília, 2006.

VAINER, Carlos; MARICATO, Ermínia; ARANTES, Otília Beatriz Fiori. A cidade do pensamento único: desmanchando consensos. Petropolis: Vozes, 2000.

VILLAÇA, Flávio. O espaço intraurbano no Brasil. São Paulo: Studio Nobel, 1993.